CR 1993

PUBLICATIONS DE LA SOCIÉTÉ HISTORIQUE DU VEXIN

CARTULAIRE

DE

L'ABBAYE DE SAINT-MARTIN

DE

PONTOISE

PUBLIÉ D'APRÈS LES DOCUMENTS INÉDITS

Par J. DEPOIN

Secrétaire général de la Société Historique du Vexin
Administrateur de la Société Historique de Corbeil
Membre de la Commission des Antiquités et des Arts de Seine-et-Oise
Officier d'Académie

TROISIÈME FASCICULE

PONTOISE

Aux bureaux de la Société Historique

1901

CARTULAIRE

DE

L'ABBAYE DE SAINT-MARTIN

DE

PONTOISE

PUBLICATIONS DE LA SOCIÉTÉ HISTORIQUE DU VEXIN

CARTULAIRE

DE

L'ABBAYE DE SAINT-MARTIN

DE

PONTOISE

PUBLIÉ D'APRÈS LES DOCUMENTS INÉDITS

PAR J. DEPOIN

Secrétaire général de la Société Historique du Vexin
Administrateur de la Société Historique de Corbeil
Membre de la Commission des Antiquités et des Arts de Seine-et-Oise
Officier d'Académie

TROISIÈME FASCICULE

PONTOISE

Aux bureaux de la Société Historique

1901

APPENDICES

I

Sur les vicomtes de Pontoise et de Mantes
des familles DELIÉS et MAUVOISIN

§ 1. Famille DELIÉS

Cette famille qui a pendant près de deux siècles occupé à Pontoise le premier rang, est l'une de celle dont l'origine est le moins exactement connue. Plusieurs inexactitudes importantes commises à son sujet ont acquis une sorte de prescription historique.

Jean du Bouchet, dans sa *Véritable origine de la Maison de France*, lui a fabriqué une généalogie; Dom Estiennot tombant dans une confusion singulière, accueillie par le Président Lévrier dans sa grande *Collection du Vexin*, et par Dom Duplessis, dans sa *Description de la Normandie*, a enlevé à cette famille son véritable nom pour lui en substituer un autre.

Du Bouchet affirme (1) que *Dreux II*, comte de Vexin, mort le 2 juillet 1035, laissa pour enfants, outre *Gautier III* qui lui succéda, *Amauri*, seigneur de Méru, père de *Raoul* et d'*Hermer de Pontoise*, dont la fille *Ite* épousa Foulques de Chaudry (comme le rapporte Orderic Vital).

Pour réfuter cette supposition, qui ne peut d'ailleurs s'échafauder sur aucun texte, il suffirait de remarquer que Gautier III étant mort sans lignée, sa succession échut en partie à son cousin Raoul III, comte de Valois, et aux fils de ce dernier, Gautier IV de Mantes et Simon de Crépy. Comme Amauri survécut sans conteste à Gautier III, il serait inadmissible qu'il n'eût pas hérité de son frère. Quant à Hermer de Pontoise, il n'est pas fils d'Amauri (2); la généalogie donnée par Du Bouchet contient donc au moins deux graves erreurs.

Je passe sous silence l'opinion de Claude Robert (3) qui, dans l'ancien *Gallia Christiana*, fait d'*Amauri* et de *Garnier de Pontoise* « des frères de Valeran I, seigneur de Pontoise et comte de Meulan, et de Foulques, évêque d'Amiens ». Il y a dans ce seul énoncé trois énormes anachronismes et l'on peut être justement surpris de voir un esprit aussi judicieux que D. Duplessis enregistrer sans protestation, et même avec une certaine faveur, de tels lapsus historiques (4).

Quant au nom même de cette famille, il est partout écrit en un seul mot : *Deliés*, qui se traduit invariablement en latin par *Delicatus*. C'est donc bien un surnom et nullement, comme D. Duplessis, dans une assez longue dissertation, a essayé de l'établir, un nom de terre. Avant lui, D. Estiennot avait voulu (5)

---

(1) *La véritable origine de la seconde et troisième lignée de la maison de France*, Paris, 1646, in-fol. Le président Lévrier avait cru pourtant trouver, dans le récit qui fait l'objet de la première notice de notre cartulaire, une présomption en faveur de cette alliance.

Amauri de Pontoise y exerce une pression morale sur *Hermer* pour faire respecter les volontés de *Dreux de Jérusalem*, dans lequel Lévrier a vu, avec assez de vraisemblance, le comte Dreux II. Mais ce texte même de la notice, dans cette hypothèse, serait la démonstration négative la plus absolue de toute parenté entre ces divers personnages. C'est tout à fait occasionnellement, en assistant au plaid où la donation de Dreux à l'abbaye était contestée, et en entendant exposer l'affaire, qu'Amauri s'étant rendu compte du bon droit des moines, intervient pour les défendre. S'il avait été fils de Dreux, la notice lui ferait assurément tenir un tout autre langage.

André Duchesne, *Hist. de Montmorency*, l. II, chap. 7, a adopté la même idée, conforme à la geste de Garin le Loherain, qui fait d'*Amauri* un fils du comte *Druon d'Amiens*.

(2) Il existe dans la collection Moreau, t. XXXIX, un acte d'Hermer de Pontoise exemptant de tous droits sur le travers de l'eau dans cette ville, les religieux de Fécamp. Hermer nomme sa femme *Jourdaine (Hodierna)*, sa fille *Ite*, ses ancêtres *Guillaume, Adeline*, et *Gui*.

(3) *Gallia Christiana*, p. 636. — Ni *Foulques I*, évêque d'Amiens, ni son neveu *Foulques II*, tous deux de la famille des comtes de Vexin, n'ont eu pour frère un *Valeran*. Jamais aucun Valeran comte de Meulan, n'a été « seigneur de Pontoise ». D'ailleurs Pontoise était non pas une seigneurie particulière, mais le siège d'un comté.

(4) *Description de la Haute Normandie*, t. II, p. 183.

(5) *Antiquitates Velocassium*, B. N. Mss. lat. 12741, fol. 399. Cette conjecture semblait encore étayée sur l'étymologie de Vauréal : *Vallis Radulphi*, dans les chartes du XIIIe siècle. On disait

rattacher les Deliés à un village des environs de Pontoise, qui se trouve indifféremment écrit dans notre cartulaire *Lex, Leis, Lesis* (Cf. *Cartul.* N° VIII, XIX, XX, XV, CL) et qui s'est quelquefois traduit par *Loca*, mais jamais par *Licata* ou *Licatæ*. C'est *Lieux*, appelé, depuis le XVIIIe siècle, *Vauréal*.

D. Estiennot, convaincu de cette assimilation, n'a pas hésité à enchevêtrer dans un même arbre généalogique les personnages tout à fait effacés qui apparaissent dans le cartulaire avec le surnom *de Lieux*, et les *Deliés*, qui étaient suzerains d'un grand nombre de fiefs et restèrent les chefs de la noblesse vexinoise jusqu'au règne de saint Louis.

L'inspiration qui poussait les écrivains du XVIIe siècle à rattacher Amauri de Pontoise à l'ancienne souche des comtes de Vexin, tout en ayant donné lieu de leur part à des conclusions inadmissibles, avait cependant sa raison d'être.

Nous voyons la famille Deliés conserver héréditairement dans la ville de Pontoise et celle de Mantes, des droits féodaux qui constituent un démembrement de la puissance souveraine (6).

L'exercice des fonctions de vicomte, confiées dans ces deux villes à des membres de cette famille, nous fait présumer qu'il faut voir en elle effectivement une branche cadette des comtes de Vexin, mais dont l'origine doit être recherchée plus haut.

Gautier I, comte d'Amiens et de Vexin, fils, non de Galeran comme l'ont supposé les anciens généalogistes, mais de *Raoul I*, comte de Valois, et de Ledgarde qui se remaria à Galeran, eut plusieurs fils (7).

L'aîné, *Gautier le Blanc*, hérita des honneurs de son père et de son aïeul. Que devint *Raoul*, le premier de ses frères cadets, dont le nom figure à côté du sien dans un acte de 987? Un obstacle dut s'opposer à ce qu'il reçût une part dans la succession de son père, car Gautier le Blanc divisa plus tard ses états entre ses deux fils, *Raoul* et *Dreux*, dont le premier eut Amiens et Crépy, le second Mantes et Pontoise.

On pourrait donc admettre *a priori* qu'un défaut physique ou quelque accident empêcha Raoul, second fils de Gautier I, de recueillir une partie de l'héritage paternel : le Valois, qui eût dû lui revenir, puisqu'on lui avait attribué le prénom de son aïeul.

alors *Vau-Raoul*. Plus tard on a transformé le prénom de *Raoul* dont on ne s'expliquait plus l'étymologie en *Real*, comme s'il venait de *Regalis*. Un des premiers exemples de cette forme corrompue se rencontre dans le cartulaire de St-Wandrille, à propos de *Real Harenc* de *Scherville*, en 1297 (Fol. vii^{xx} xix. Arch. de la Seine-Inférieure).

(6) Ainsi Amauri possédait à Mantes le tonlieu de sel, et en 1190 Henri Deliés jouit, sur toute une rue de Pontoise, des droits suivants : « foragium, mensuras, teloneum de mercatore ».

(7) La généalogie de Gautier I résulte d'un texte du Cartulaire de St-Crépin de Soissons conservé aux Archives de l'Aisne. Dans l'*Histoire des Familles palatines* que nous préparons, nous exposerons les conclusions qui nous paraissent résulter de l'étude des données fournies par ce Cartulaire, combinées avec d'autres provenant de diverses sources.

Or le surnom de *Deliés* (*Delicatus*) qui veut dire, non *le Subtil* ou *le Retors* et encore moins *l'Élégant* ou *le Distingué*, mais *le Débile* ou *le Valétudinaire* et que, depuis Amauri, tous ses descendants ont revendiqué, n'était pas personnel à *Raoul fils d'Amauri* et son successeur comme vicomte de Pontoise (8).

Le premier acte à date certaine où figure ce dernier, qui a vécu jusqu'à la fin du XIe siècle, est de l'an 1059 (9).

Or près de trente ans en arrière, un personnage du même nom, avec lequel la chronologie ne permet pas de le confondre, souscrit comme le premier des chevaliers mantais, immédiatement après le comte Dreux, une charte de ce comté de Vexin, non datée, mais donnée entre les années 1030 et 1033 (10).

Pour nous, ce premier *Raoul Deliés* est bien le second des fils de Gautier I ; les suites d'une maladie survenue dans sa jeunesse lui auront rendu impraticable le dur métier des armes auquel il avait été primitivement destiné, ainsi que le montre le nom même qui lui est imposé et sa participation aux actes de son père.

Il est naturel qu'on lui ait alors confié, comme il y en a de nombreux exemples pour des cadets de familles souveraines, des charges domestiques ou fiscales qui n'exigent pas le service militaire personnel (11).

Nous sommes donc portés à attribuer à ce Raoul trois enfants : *Raoul Mauvoisin*, vicomte de Mantes, *Thévin*, vicomte de Meulan et *Amauri*, vicomte de Pontoise.

Dans une charte donnée, comme comte de Mantes, par Simon de Crépy, entre 1069 et 1072, en faveur de Cluny, Simon rappelant les autres libéralités faites par les siens à l'abbaye bourguignonne, cite celles du *vicomte Raoul* qui lui céda l'église de Gassicourt, don auquel *Amauri de Pontoise* ajouta celui du tonlieu du sel à Mantes (12). La charte du vicomte Raoul nous a été conservée ;

(8) « Hanc eleemosynam (INGELRAMNI DE CLEREYO) concesserunt Domnus ALMALRICUS DE PONTISARA, RADULPHUSQUE DELICATUS, filius ejusdem ALMALRICI ». (Cartul. n° IX). Raoul est qualifié vicomte à la fin de la même notice.

(9) Lévrier, t. XI, p. 142.

(10) Guérard, *Cartul. de St-Père de Chartres*, p. 199 (Il est question dans cette pièce d'*Arnoul*, abbé de St-Père, mort vers 1033). Voir aussi p. 175.

« *De Mellento* : TEDUINUS, vicecomes. AMELIUS, frater ejus. GUARNERIUS, prepositus. HILDEGARIUS BODINUS. GALTERIUS filius BEBONIS. ARCHARDUS frater ejus. RODULFUS DELICATUS. YVO DE ARCURA. HUBERTUS DE INSULA ».

(11) Dans cette hypothèse, comme le surnom de *Deliés* constatait la raison d'être d'une altération de la règle d'hérédité, et du tort dont les descendants de Raoul étaient les victimes, et qu'il rappelait en même temps leurs droits et leur origine illustre, on s'explique qu'ils l'aient conservé jalousement, en ayant soin de perpétuer sans interruption dans leur lignée le nom de Raoul, le premier et le plus célèbre des deux portés alternativement par les comtes de Valois.

(12) Meo exemplo mei dederunt plura : RADULFUS scilicet vicecomes ecclesiam de *Vassicurte* cum decimatione vini et annone. Huic dono addidit !AMALRICUS quoque DE PONTÉSIO teloneum salis quod *Medante* habuit (Bruel, *Chartes de Cluny*, n° 3476 ; t. IV, p. 585).

nous la reproduisons plus loin; c'est, sans l'ombre de contestation possible, le même personnage que le cartulaire de Coulombs appelle *Raoul-A-la-Barbe*, et dont les nombreux fils portèrent le surnom de *Mauvoisin* que ce cartulaire attribue également à Raoul.

Mais dans la donation faite à Cluny, le vicomte Raoul ajoute à l'église de Gassicourt la dîme du tonlieu qu'il avait dans le port de Mantes. Il est donc évident que le tonlieu de Mantes était partagé à cette époque entre le vicomte Raoul et Amauri de Pontoise: d'où nous concluons qu'ils étaient frères. .

Quant à la parenté d'Amauri et de Thévin, elle résulte de cette même charte de Dreux II, fort importante pour l'histoire de cette contrée, et qui se résume ainsi: « A l'appel du comte de Vexin, tous les bannerets du Mantais, d'une part, et du Meulanais, de l'autre, se réunissent pour examiner la plainte des moines de St-Père de Chartres contre Hugues, vicomte du Vexin. Le débat porte sur des droits qu'en raison de son titre de vicomte, Hugues s'était attribués sur les terres de Drocourt, de St-Cyr-en-Arthies et de Chaudry, que Dreux avait données à St-Père, par un acte de l'an 1030. Le procès se place donc entre 1030 et 1033, peu avant le départ de Dreux pour le pèlerinage de Terre-Sainte où il mourut.

Or en tête des chevaliers du comté de Meulan, dénommés dans cet acte, se placent « *Teduinus*, vicecomes et *Amelius* frater ejus » (13).

Amelius est incontestablement une forme abréviative d'*Amalricus*, dont on a, par d'autres défigurations, tiré aussi les prénoms d'*Amatus*, *Amadeus*, etc. L'emploi d'un diminutif familier semble indiquer qu'à cette date (1030-1033) Amauri était encore un jeune homme.

Amauri occupa d'abord les fonctions de vicomte de Mantes: cela résulte d'une inscription nécrologique concernant le vicomte Anscher, fils de Hugues Estavel, qui a vécu dans la seconde moitié du règne de Philippe Ier (13).

Il devint ensuite, comme l'indique le diplôme de 1069, une des autorités (*proceres*) du château de Pontoise. Dans un titre de Gautier III, donnant l'Eglise de Liancourt en Vexin à St-Père de Juziers, en 1059, on trouve parmi les signatures :

S. Warnerii de Ponte Isare.

S. Amalrici de Ponte Isare.

S. Rodulfi Delicati (9).

Lorsque Philippe Ier, à la mort de Gautier III de Vexin, s'empara du château de Pontoise, il en confia la garde à ces deux mêmes chevaliers : *Amauri et Garnier*.

Amauri est l'Amauri Deliés de Mantes dont nous venons de parler ; Garnier, que sans aucun fondement quelques-uns ont supposé son frère, était un Senlisien dont nous parlerons dans l'appendice suivant.

(13) Idibus Februarii. Obiit Anscherius ex cujus dono habemus III sol. census capitalis in domo que fuit Amaurici, vicarii de *Medunta*, in qua etiam domo alios VII sol. census habemus.

(Nécrologe de St-Père de Chartres. Bibl. mun. de Chartres. Mss. 1037).

En 1082, un jugement rendu par la cour du Roi à Poissy porte, après la signature des comtes, les trois suivantes :

S. Simonis de Nealfa, militis.
S. Amalrici de Ponte Isare, militis.
S. Galterii Posteli (14).

Le cartulaire de St-Martin ne nomme, comme fils d'Amauri, que *Raoul II Deliés* (Cf. nos XI, XVIII, XXXIII) ; mais des actes de 1078 et 1080, relatifs au Beauvaisis, nous apprennent que Raoul, fils d'Amauri, eut trois frères : *Pierre, Eustache* et *Golon* (15).

On reconnaît dans le premier de ces personnages *Pierre de Pincencourt*, vassal de Raoul Deliés pour des biens à Cléry, terre patrimoniale de cette famille (Cartul. n° XXXVIII ; cf. note 178).

Raoul fils d'Amauri, est aussi témoin d'un diplôme de Philippe Ier donné à Beauvais en 1085 (16). C'était un des *casati* ou vassaux bénéficiaires de l'église de Beauvais, et il était très certainement proche parent des châtelains de cette ville (17).

Il épousa *Hazèche* ou *Hahuis* et en eut *Raoul III, Amauri II* (n° L) ; *Henri*, sans doute filleul du roi Henri Ier, cité avec son père en 1093 (n° XXX et XXXI ; Cf. note 102), *Agnès* et *Comtesse*.

Du consentement de ses fils aînés et de ses deux filles, il donna à St-Martin-des-Champs l'église de Méru, et divers autres biens, le jour des obsèques de sa femme, auxquelles assista Louis le Gros, roi désigné. Cette donation fut confirmée par Anseau II, évêque de Beauvais, mort en 1099 : Louis le Gros ayant été associé au trône en 1098, la date de la mort d'Hahuis est facile à déterminer.

Amauri II épousa Helvide, dont il eut deux fils : *Garnier*, chevalier et *Jehan*, moine de St-Martin de Pontoise (nos XXXV et XXXVI).

Amauri était seigneur de Neuville ; il se fit religieux à Saint-Martin du vivant de son aïeul Amauri I (n° XXXIII) ; il est cité comme moine de Saint-Martin dans des textes dont l'un est de 1099 (nos XVIII et XXXVII).

Raoul III dit le *Jeune*, épousa Agnès (n° XXXIV) et eut un fils nommé *Raoul IV*, donateur de la terre de Ronquerolles (Cf. note 341 qui exige une légère rectification par suite d'une confusion entre Hahuis et Agnès), et, conjointement

---

(14) Après le 4 août: ce diplôme est daté de la 23e année de Philippe. — A. N. LL 1024, fol. 40. — Lévrier, t. XI, pr. 219.

(15) Donation de *Pantaléon de Breteuil*, ap. Baluze, t. XXXVIII, fol. 92. — Donation d'*Hugues d'Auteuil*. Mss. lat. 12776, fol. 87.

(16) Coll. Moreau, t. XXXIV, fol. 148. On trouve aussi dans un traité daté de Beauvais et passé entre 1058 et 1074 « Radulfus casatus urbis et frater ejus Petrus (Moreau, t. XXX, fol. 86). La charte de 1078 distingue nettement « Radulfus casatus, filius Amalrici » de « Radulphus dapifer » (*Raoul de Beauvais*, grand sénéchal de France).

(17) Coll. Moreau, t. XXXII, fol. 94.

avec son père, de l'église de Cléry (n° XXXIV, dont l'intitulé doit être ainsi rétabli : « *Raoul III et Raoul IV Deliés* » et la date reportée aux environs de 1130. *Ade* ou *Adélaïde*, femme de Raoul IV, est en effet la même personne qui figure dans la charte XXXIV et dans la note 341, comme confirmant les libéralités de son mari).

Nous ne savons si *Henri Deliés*, qui vers 1140 fit le voyage de St-Jacques de Compostelle avec sa femme Richilde (18) est le frère de Raoul II cité plus haut.

De 1182 à 1197, nous rencontrons un *Henri II Deliés* marié à Élisabeth (19). Il est père d'un grand nombre d'enfants mâles : *Raoul V, Gautier, Hugues, Enguerran, Guillaume, Pierre II, Richard I.* Un acte de 1182 les qualifie tous de chevaliers. Cependant Pierre avait été clerc, d'après notre cartulaire (n° CXCI).

Raoul V, chevalier *de Longuesse* en 1177, eut en 1181 un démêlé avec Saint-Victor. Constance, fille du roi Louis VI, et femme de Raymond VI, comte de Toulouse, avait acheté, pour les donner à cette abbaye, 40 arpents de terre au chevalier Archer, à la Queue-en-Brie. Raoul V et son beau-frère *Manassé de Vitry*, réclamèrent sur ce domaine des droits de cens, du chef de leurs femmes *Marie* et *Elisabeth*, filles toutes deux de *Guillaume le Veautre* et de *Vilaine*, de laquelle provenaient ces droits (20).

Raoul V était marié à *Cécile* en 1197 ; il exerça les fonctions de connétable du Vexin en 1205, et son nom est demeuré attaché à l'acte de rédaction des coutumes relatives à l'hérédité des fiefs (21).

On peut sans trop de hardiesse le supposer père de *Raoul VI*, de *Thibaut*, que nous rencontrons à partir de 1222 comme seigneur d'Ennery près Pontoise, et de *Rohais*, leur sœur, mariée dès 1228 à *Jehan*, sire de *Fresnoy* (22).

Raoul VI épousa *Eremburge*, fille d'*Agnès*, dame *de Baillet* (23). Il mourut sans enfants en 1239 (24).

Thibaut, chevalier d'*Ennery*, est nommé dans des actes de 1226 à 1258 (25). Sa femme s'appelait *Marguerite* (24) et il avait pour fils aîné en 1240, *Jehan*, qui prit le nom de *Jehan de Cléry*, en 1255 (19). Il avait en 1246, un neveu du nom de *Jehan Pyguel*, sans doute fils de sa sœur *Rohais* et de *Jehan de Fresnoy* (19).

(18) Henricus Delicatus cum Richilde uxore, *Stum Jacobum* peregrinationis causa petit circa an. 1140 (Cartul. cap. 187, ap. D. Estiennot, l. II, c. 7). Voir Cartul. n° CXLIII, où D. Estiennot adoptant le système que nous avons combattu plus haut, nomme ce seigneur « Henricus de Lex ».

(19) Cart. du Val N. D., mss. lat. 5462, fol. 41, transc. de Gaignières. — Arch. Nat. LL 1541, fol. 32 et 34. — Analyse du Cartul. de St-Lazare de Pontoise, dans le fonds Pihan de la Forest, dossier 3, n° 44. Bibl. mun. de Pontoise.

(20) A. N. LL 1450, fol. 62.

(21) Tardif, *Cartons des Rois.*

(22) Cartul. de Beaupré, B. N. mss. lat. 9973, fol. 76.

(23) Arch. de Seine-et-Oise. Fonds de l'abbaye d'Hérivaux, cart. I.

(24) Ibid. cart. 1 et 3.

(25) *Cartul. de l'Hôtel-Dieu de Pontoise,* publié par J. Depoin.

Gautier de Longuesse, fils d'Henri II, était dès 1158 homme-lige de St-Denis, et reçut de l'abbé l'autorisation d'établir un pressoir à Sagy (26).

Il épousa *Jacqueline*, fille d'*Amauri de Blaru* et sœur de *Jehan*, sire de *Gail-lonnel*, l'un des bienfaiteurs de l'abbaye de Jumièges (29).

Il eut un fils appelé *Herbert* (27).

Pierre, frère de Gautier, épousa Hildeburge et en eut trois fils : *Adam*, mari d'Helvide, *Gautier*, *Evrard* ; et quatre filles : *Eveline*, *Richilde*, *Ade* et *Damiane* (28).

Il existe un fort beau sceau d'un *Raoul Deliés* du XII⁰ siècle appendu à l'acte suivant :

« Notum sit omnibus, quod Radulphus de Betemont in perpetuam elemosinam fratribus Hospitalis censum et dominium quod habebat in masura Johannis sororii sui de Betemont tenendum concessit. Hanc elemosinam concedunt Galterius Dableges et Radulfus Delnez qui sigilli sui munimine confirmat. (Orig. S. 5136 — Sceau rond de cire brune ; (S. DOMNI RADVLFI DE LIEZ : *de... à trois fasces de sable, chargées d'un lion issant de....*)

Dom Estiennot connaissait un sceau analogue qu'il a décrit ainsi : « *Fascé de... au Lyon rampant brochant sur le tout de...* »

Il l'attribue à un *Raoul Deliés* vivant vers 1150 (5).

Lévrier, dans son Dictionnaire du Vexin (tome XIII de la collection) donne le sceau de *Gautier de Longuesse*, issu d'un frère cadet de Raoul V, en 1225 : « *de... au lion rampant contourné* ».

§ II. Famille MAUVOISIN

Raoul I Mauvoisin, vicomte sous Gautier III, dont nous avons admis plus haut le rattachement probable à la famille Deliés et par elle à la souche des comtes, est cité plusieurs fois parmi les chevaliers de Gautier III (30), de 1055 à 1060.

En dehors du surnom de *Mauvoisin*, qui semble s'être appliqué collective-ment à lui et aux siens, il portait celui de *A la Barbe* (*Ad Barbam*). A l'abbaye de Coulombs, alors naissante, il donna sa terre de Lommoie (31).

(26) A. N. LL 1170, fol. 15.

(27) A. N. LL 1042, fol. 45.

(28) A. N. LL 1024, fol. 61.

(29) Arch. de la Seine-Inf. Grand Cartul. de Jumièges, nᵒˢ 78 et 79.

(30) Guérard, *Cart. de St-Père*, p. 142, 185, 200.

(31) Lommoie, cant. de Bonnières. Raoul ne possédait que la moitié du territoire de Lommoie. Il abandonna aux moines de St-Évroul, à la prière de l'abbé Mainier, la dîme qu'il prélevait sur l'autre moitié cédée par Albert de Cravent, sa femme Albérède fille de Hugues d'Ivry, évêque de Bayeux, et leur fils Raoul au monastère d'Ouche (Orderic Vital, l. VI, éd. Le Prévost, t. III, p. 34, 35).

« Radulfus Malusvicinus cognomento Ad Barbam dedi monachis *Ste Marie Columbensis* pro remedio anime mee totum herbergamentum *Ulmeie*... exceptis fevis meorum militum ; et hoc pariter filii mei Robertus, Radulfus, Guiardus, Guierricus libenter concesserunt. Testes : Theobaldus privignus ejusdem Radulfi, etc. (32) ».

La formule : « hormis les fiefs de *mes* chevaliers » montre bien que Raoul Mauvoisin était un puissant personnage et le chef de la noblesse du pays.

A Cluny, au temps de l'abbé Hugues (1049-1109), il fit don de l'église de Gassicourt. Ce fut à une date antérieure à 1072, puisque Simon de Crépy, qui entra dans le cloître cette même année, cite la libéralité de Raoul dans un acte récapitulatif où il prend encore le titre de comte de Mantes (12).

« In nomine Domini. Notum sit omnibus hominibus p. et f. quod Rodulfus gratia Dei compunctus, annuente uxore sua Eva, et filiis suis Tetbaldo scilicet, et Rotberto, Rodulfo, Widone et Widrico, pro anime sue redemptione et animarum istorum et antecessorum, dedit *Cluniacensi* ecclesie... et domno Hugoni abbati... ecclesiam de *Wascicorte* et decimam, annone videlicet et vini, ceterumque rerum illic pertinentium, et decimam telonii quod tenebat in portu *Medante* (33) ».

Ce document prouve avec quelle prudence il faut tirer des conclusions des textes qui semblent les plus clairs. Si nous n'avions que celui-là, nous attribuerions sans hésiter à Raoul un fils aîné du nom de Thibaut, alors que le cartulaire de Coulombs montre que Thibaut, né d'un premier mariage de sa femme Eve, n'était pour Raoul qu'un fils adoptif.

Cette assertion est corroborée par la charte de Simon portant donation de l'abbaye de Mantes à Cluny. Elle a pour témoins : « Hugone Stavelo, Hugone Brusta Salicem, Nivardo de Settuleia, Radulfo *filio* Radulfi *vicecomitis*... Tetbaldo *predicti vicecomitis privigno* (12) ».

A une époque contemporaine, mais qu'aucun synchronisme ne permet de fixer, un chevalier appelé Gautier Pain-et-Eau (peut-être le geôlier du château de Mantes), ayant des besoins d'argent, donna en gage aux moines de St-Wandrille une prébende qu'il avait à Rosny. Raoul Mauvoisin et son fils Robert furent témoins de cet engagement (34).

(32) Coll. Baluze, t. XXXVIII, fol. 27. Extrait du Cartulaire de Coulombs.

(33) Extrait du Grand Cartulaire de Cluny, coll. Moreau, t. XLIV, fol. 71 (Publié par Bruel). Orderic Vital (éd. Le Prévost, II, 447) qualifie Raoul I « Medantensis oppidanus ».

On rencontre à Huriel (Allier), en 1075, *Guillaume* et *Raoul Mauvoisin frères*, oncles (*avunculi*) et tuteurs de Bernard Grossinel ; et vers le même temps, *Geofroi* et *Roger Mauvoisin* (Tardif, *Cartons des rois*, n°s 294 et suiv.). Des Mauvoisins restèrent dans cette contrée. En 1152, *Guillaume* et *Isnard* sont témoins d'un mariage avec Bertrand de Bourbon (Teulet, *Layettes du Trésor*).

(34) Grand Cartulaire conservé aux Arch. de la Seine-Inférieure, fol. 329. *Robert*, qui disparaît dans le Vexin, devint un des chevaliers de l'église de Noyon. En 1115, une charte de l'évêque Lambert cite parmi les témoins : « *De civitate nostra* Robertus Malusvicinus » (Guérard, *Cartul. de N.-D. de Paris*, I, 307). — Dès 1090, il est vassal d'Eudes de Péronne pour des « coutures » à Guimécourt en Artois (Coll. Moreau, t. xxxvi, fol. 54).

Guerri, fils cadet de Raoul I, est cité avec Gautier, son fils, dans un autre acte du même Gautier Pain-et-Eau (34) et dans la charte de composition établie par Guillaume Bonne-Ame, archevêque de Rouen (1079-1110) et Isembard, prévôt de Saint-Gilles de Mantes, entre Raoul de Limay, meurtrier d'Oudard d'Evêquemont, et la famille de celui-ci (35).

Dans cette dernière pièce, Guerri est surnommé *de la Porte* (DE PORTA). Il avait donc les fonctions de concierge du château. Gautier son fils, qu'on retrouve encore à Mantes en 1117, paraît avoir quitté ce pays, s'il est bien le même que nous rencontrons en Picardie en 1142 (36).

Gui, un autre des fils de Raoul I, nous paraît avoir été le premier châtelain de la Roche Guyon. Nous tirons cette déduction de ce fait qu'une des donations à l'abbaye de Josaphat comprises dans la bulle de confirmation générale d'Alexandre III en 1164, fut faite collectivement par Raoul Mauvoisin, Richard de la Roche et les fils de Raoul (37).

Or Richard de la Roche, apparemment le fils de *Gui I* de la Roche Guyon, était frère de *Gui II*, comme le prouve un acte du cartulaire de St-Leu d'Esserent (38): il survécut à son frère, victime du terrible drame que Suger raconte.

(35) B. N. Mss. lat. 12878, fol. 170. D'autres notices du même cartulaire de Marmoutier le qualifient « GUERRICUS DE PORTA, amicus noster » ; il fit des dons à St-Gilles de Mantes, dépendant de l'abbaye tourangelle (Ibid. fol. 169).

Voici une autre pièce où figurent *Raoul II et Guerri* son frère:

« Ego GUILLELMUS miles de *Medanta*, cognomine RUFINUS, concessi fratribus *Majorismonasterii* capellam quandam juxta *Medantam* in terra mea in honore *Sancti Agidii* dedicatam... de terra mea proxima... donavi quantum cymiterio et ad officinas necessarias faciendas ibi sufficiat... Ad hoc faciendum et audiendum fuerunt ERCHENALDUS monachus, SYMON DE NIELFA qui sedebat ad pedes Regis, RADULFUS MALUSVICINUS qui adjuvit ERCHENALDUM monachum tenere cartam quando Rex Philippus in ea signum Crucis scripsit, et GUERRICUS frater ejusdem Radulfi... et GUARINUS prepositus ».

(B. N. Cart. de Marmoutier, mss. lat. 5.441, fol. 209. Coll. Moreau, t. XLIII, fol. 70).

(36) *Valterus Malusvicinus miles* (Cart. d'Ourscamps. B. N. Mss. lat. 5473, fol. 203). Un second *Guerri de la Porte*, sans doute petit-fils du premier, est nommé dans un acte de famille des Mauvoisin en 1146 (*infra*, note 39).

En 1207 on trouve à Mantes, un *Gautier II de La Porte*, sa femme *Alis*, ses fils *Guerri III*, *Baudoin, Gautier III, Pierre* et *Robert* (Mss. lat. 5462, fol. 233 et suiv.).

L'explication que nous avons donnée de ce surnom nous semble plausible. Toutefois on pourrait aussi admettre qu'il s'agissait d'une *porte de Mantes* dont la garde aurait été confiée à *Guerri*. En 1245 on trouve une mention de vignes « ultra portam de Ponte Gossart de Medunta, » amorties au Val par Pierre de Ver, Jehan de Mégrimont et Galon de Sailly (Mss. lat. 5462, fol. 233 et suiv.).

(37) Lévrier, *Coll. du Vexin*, VIII, 553.

(38) Coll. Moreau, t. XLIV, fol. 199. On trouvera ce document dans le cartulaire que M. le Chanoine Müller se propose de publier sous les auspices de la Société du Vexin.

Nous ne croyons pas justifiée la tradition qui ferait remonter la fortification de la Roche au règne de Hugues Capet. C'est de Gui II et Richard, frères, que St-Père de Chartres obtint l'exemption du tonlieu « de navibus quæ sub munitione nostra *Rupis* per Sequanam *Rothomagum* transeunt » (Guérard, p. 181). Ce droit venait sans doute d'être créé pour l'entretien des défenses.

Raoul II Mauvoisin est extrêmement connu. Il souscrivit avec son père et son frère Robert la charte de Simon de Crépy (12). Sa sœur Eudeline épousa *Ansoud IV Le Riche*, sire de Maule ; *Guiboud*, fils de Raoul, était en 1106 le vassal de Pierre II de Maule, son cousin (39).

Orderic Vital décrit les exploits de Raoul II en Normandie, où il fit de grands ravages en 1087 ; il le signale aussi comme l'un des bienfaiteurs de Saint-Evroul (40).

Hugues, autre fils de Raoul II, enleva aux moines de Coulombs la terre de Lommoie ; mais Raoul II l'obligea de la rendre à l'abbé Thérould (1105-1115). Cette restitution se fit à Mantes, et on la notifia à *Gui II*, frère de Hugues, à Maule, où il était retenu, pour cause de maladie (32).

Orderic Vital parle à deux reprises de Gui II : en 1119, avec Amauri de Montfort, Eustache de Breteuil, Eudes de Gometz et d'autres bons chevaliers réunis au château de Pacy, il défendit vaillamment les alliés de la France contre les vassaux du roi anglais Henri Ier ; en 1123, avec Simon de Péronne, Simon de Neaufle, Pierre II de Maule et Guillaume Aiguillon II, il ravagea les frontières de Normandie, sous les ordres de Galeran II de Meulan (41).

Hugues Mauvoisin fut témoin, en 1111, d'un diplôme de Louis VI, en faveur de St-Jean en Vallée. Il eut encore un frère, *Ebrard*, et une sœur mariée à *Hugues de Courcelles*, qui cédèrent avec lui leurs droits dans la terre de Mortcerf à l'abbaye de St-Martin (Cartul. n° XI). Un *Hugo Malvesins* est cité comme un des chevaliers du pays de Vendeuil en 1115 (34). Dans la correspondance de l'archevêque Hugues de Rouen avec Louis VII (*Histor. de France*, XV, 702), se trouve un appel adressé au roi par ce prélat en faveur du chapitre de St-Mellon de Pontoise, dont un des prévôts, résidant à Gadancourt, a été l'objet de vexations de la part de *Hugues Mauvoisin* et de *Dreux de Courcelles* (probablement fils de la sœur de Hugues).

D'Ebrard sortirent apparemment *Ebrard II* et *Gui Mauvoisin*, frères, que Thibaut comte de Blois, fils d'Adèle, dans une donation à l'abbaye de Coulombs en 1132, cite parmi ses « *minores fevales* », ou feudataires de second rang (41).

Un autre fils de Raoul II fut certainement *Raoul III* (dit *le Barbu*, comme son grand-père), qui figure en 1117 avec *Samson* et *Robert II* ses fils, et *Gautier*, son cousin, dans un accord conclu entre l'abbaye de St-Wandrille et Guillaume, vicomte de Mantes (42).

(39) Ord. Vital, éd. Le Prévost, II, 447. Peut-être *Guiboud* (*Witboldus*) et *Gui II* (*Wido*) ne sont-ils qu'une même personne.

(40) Id., III, 35 et 223 ; — IV, 353 et 450.

(41) Coll. Baluze, t. LXXIII, col. 269.

(42) Grand Cartul. de St-Wandrille, fol. 319 v°.

En 1129 il confirma l'exemption, accordée à l'abbaye du Bec par Raoul II, des droits de péage sur les nefs des moines passant sous Mantes et Rosny (43).

Raoul III accorda la même exemption à l'abbaye de St-Wandrille, par accord avec l'abbé Roger (1108-1139). Ses fils *Guillaume* et *Manassé* la confirmèrent plus tard, afin d'obtenir du même abbé une absolution générale pour eux et tous leurs ancêtres, en tant qu'ils avaient pu encourir la redoutable excommunication de l'abbaye de Fontenelle (44).

Guillaume Mauvoisin fut, en 1133, le fondateur de l'église de la Madeleine de Mantes dans des conditions que relate une charte inédite de Coulombs, trop riche en détails sur les mœurs chevaleresques et monacales de ce temps pour ne pas mériter d'être intégralement reproduite :

« Ad certificandam notitiam posterorum, litteris tradimus quod WILLELMUS MALUSVICINUS miles optimus, dum bellum inter HUGONEM DE NOVOCASTELLO et ROGERIUM DE TOENIO dominum *Novigenti* ageretur, expeditionem super *Novigentum* addiscens, graviter vulneratus est, timensque mori, ecclesiæ *Columbensi* ad monachatum se reddidit. Qui *Columbas* adductus, quotidie de monachatu occupabatur, devotissime promittens quod si convalescerit et Dominus ei tempus vitæ ad pœnitentiam præstaret, in *Castello Medantæ* ecclesiam in honore Beatæ Mariæ Magdalenæ construeret, quia hoc sibi concedi a Rege Franciæ et a Carnotensi præsule et a canonicis ipsius villæ facile impetraret. Cum autem postmodum gratia Dei, et arte et industria BALDUINI peritissimi in curandis militibus medici, jam pene convaluisset, a parentibus *Carnutum* deducitur, sub occasione quod medicamenta sibi necessaria *Columbas* invenire non possent, etc. (*sic*).

» Illic deductus et seductus blanditiis amicorum, rejecto habitu monachili et resumpto seculari, equum ascendit, extendensque manum ut arriperet clypeum, statim ipse divinam sensit ultionem. Nam igne in plaga que putabatur jam omnino sanata desaniente, iterum ecclesie *Columbensi* se reddidit et rejecto habitu seculari et resumpto monachili, in monasterio *Sti Petri Carnotensis* tamen sub professione *Columbensi*, in afflictione et dolore corporis, et contentione et humiliatione cordis, ipso die qua habitum monachi resumpserat, emisit spiritum. Cujus corpus a fratribus suis et amicis Columbas delatum, honorifice in claustro est tumulatum.

» Tunc SAMSON frater ejus qui eo tempore *Carnotensis* ecclesiæ præpositus postmodum ad *Remensem* archiepiscopatum est provectus, ob ejus anima sollicitus, volens supplere in quantum poterat quod ille promiserat, postulavit et impetravit à LUDOVICO rege Franciæ et GAUFRIDO Carnotensi præsule, et a Canonicis *Medantæ* ut benigne concederent *Medantæ* fieri ecclesiam in honore Btæ Mariæ Magdalenæ, quæ est sub ditione *Columbensis* ecclesiæ. Tali causa talique occasione

(43) Inventaire du Bec. Vᵉ de Colbert, nᵒ 190, fol. 30. (Le copiste a écrit *Boeney* pour *Roeny*).

(44) Grand Cartulaire, fol. 330 vᵒ. Le texte de cette formule d'anathème, qui remonte au VIIᵉ siècle, est des plus impressionnants.

fundata est *ecclesia Btæ Mariæ Magdalenæ in castro Medantæ*, anno Incarnati Verbi 1133 (45) ».

Samson, fils de Raoul et d'Odesinde (46), devint, comme le dit la notice précédente, archevêque de Reims en 1140, et mourut le 21 septembre 1161. Il ne cessa de s'intéresser à son pays d'origine, et les traces de son action bienfaisante se manifestent de toutes parts. C'est lui qui, comme légat du Pape, prit l'initiative de la canonisation de saint Gautier et de la translation solennelle de ses reliques, effectuée le 4 mai 1153 (Cartul. n° CXXVIII).

Sur ses conseils, dans le cours de la même année, Louis VII établit la commune de Compiègne (47).

Samson revenait du reste souvent à Mantes. Plusieurs actes de lui sont datés de cette ville. Nous en citerons un que nous empruntons au Cartulaire de la Trinité de Fécamp :

« In nomine Sancte et Individue Trinitatis. Ego Sanson Dei gratia *Remensis* archiepiscopus presentis scripti testimonio p. et f. notum volo fieri quod Radulfus Malvesinus frater meus et uxor ejus Brita et filii eorum Radulfus et Guillelmus et Manasses, et filic eorum Agnes et Regina omnem calumpniam quam injuste faciebant in villa de *Busseio* que est *Bti Georgii de Medunta* et in omnibus rebus ad eam pertinentibus, scilicet in terra de *Monte Ursonis*, et in mansura que fuit Hugonis dapiferi et in cultura de *Chantecoc*, omnino et in perpetuum *Sti Trinitati* Deo et monachis *Bti Georgii* ad preces meas quietam clamaverunt. Unde monachi de karitate sua XXXᵃ libr. parisiensium eis donaverunt.

» Ad omnem igitur calumpniam excludendam, rei geste testimonium peribens, sigilli mei auctoritate confirmavi, et omnes illos qui de cetero predictis monachis aliquam injuriam vel molestiam exinde irrogaverint, et eos super hoc vexare contenderint, auctoritate Dei omnipotentis et mea excommunicavi et a Ste matris Ecclesie liminibus sequestravi.

» Actum anno Incarnationis Mᵒ Cᵒ XLVIᵒ in ecclesia *Sti Georgii de Medunta* astantibus istis : Guerrico de Porta, Johanne de Braicel et multis aliis (48) ».

(45) Coll. Baluze, t. XXXVIII, fol. 29. A la page suivante est transcrit un diplôme confirmatif de Louis-le-Gros. — Orderic Vital signale les Mauvoisin comme les auxiliaires de Roger de Toéni en 1136.

(46) Nécrol. de Reims, cité par le *Gallia christiana*, t. XI, 'p. 84. D. Marlot n'a pas su que Samson avait été prévôt de Chartres. Précédemment, de 1119 à 1125, il avait été doyen du chapitre de la cathédrale (Cf. *Cartul. de N.-D. de Chartres*, t. I, p. 126). Ce prélat fut l'intime ami de saint Bernard qu'il qualifie dans une lettre : *carissimus ac præcordialis amicus* (Coll. Baluze, t. LI, fol. 227).

(47) A. N. LL 1622, fol. 14. Coll. Moreau, t. LXVI, fol. 124. Cette charte fut donnée entre le 1ᵉʳ août 1153 et le 3 avril 1154 (Luchaire, *Actes de Louis VII*).

(48) Bibl. de Rouen. Cart. de Fécamp, fol. XXIII v°. — Deux ans après (1148) Raoul IV qualifié « miles nobilis et strenuus », fonda l'anniversaire de ses parents à St-Germer-de-Fly « concedentibus hoc conjuge suâ Brita et filiis Radulfo, Guillelmo, Manasse, et filiabus Agnete, Joanna, Regina ». Parmi les témoins : « Hugo vicecomes, Guido Malusvicinus ». (*Gall. Chr.* t.' X, *Preuves*, col. 258).

A l'époque de cette rédaction, toute la terre de Boissy-Mauvoisin était donc réunie aux mains des moines de Fécamp. Or la moitié seulement de cette terre avait été donnée à leur abbaye, l'année même de sa fondation, en 1001, par Ouigrin et sa femme Aélis, avec deux pêcheries à Rosny-sur-Seine (49). Nous aurons l'occasion d'expliquer ailleurs comment le partage des seigneuries de Rosny et de Boissy entre la famille de Ouigrin et celle des Mauvoisin apporte un argument de plus à l'appui de notre hypothèse sur l'origine de ces derniers.

Les actes que nous venons de reproduire donnent à *Raoul IV*, frère de Samson, six enfants vivants dès 1146 : *Raoul V, Guillaume II, Manassé II, Agnès, Jehanne* et *Reine*. A cette lignée déjà nombreuse il faut ajouter *Pierre*, avec le consentement duquel Guillaume II, *Adeline* sa femme et Manassé II confirmèrent aux moines de Fécamp, en 1171, l'exemption du péage de Mantes (49).

Guillaume II servit Henri II, roi d'Angleterre (50).

Manassé II, en 1195, fit don à l'œuvre de l'église de Notre-Dame de Chartres d'une rente perpétuelle de 60 sols sur ses revenus de Mantes, pour être convertie en ressource ordinaire de la fabrique, lorsque l'édifice serait parachevé.

« Noverint universi... quod ego Manasserius Malusvicinus, pietatis intuitu... concessi ecclesie *Bte Marie Carnotensis*, ad opus ipsius ecclesie, sexaginta solidos monete Parisiensis, percipiendos apud *Meduntam* in redditibus meis, singulis annis, mediante aprili. Cum vero opus et edificationem ecclesie per Dei graciam consummari contigerit, ipsa ecclesia nummos prefatos perpetuo habebit. Capitulum vero Carnotense ... in recompensationem ... mihi concessit quod, quamcitius me viam universe carnis ingredi contigerit, anniversarium meum in ipsa ecclesia perpetuo celebrabit ... Actum solemniter *Carnoti* et datum super altare gloriose Virginis, anno gracie Mo Co nonagesimo quinto, Vo nonas octobris astantibus... Raginaldo, venerabili episcopo *Carnotensi* ... Petro de Richeborch nepote meo, Nivardo de Corgent et aliis multis » (51).

C'est à propos de Raoul IV qu'en 1150 Louis VII écrivit à Suger cette belle lettre où il lui recommande la cause des pauvres du pays de Chartres qui avaient à se plaindre de ce seigneur « quatinus tam diligenter intendatis — dit le roi — ut et Deus super justiciâ honoretur, nosque apud Deum et omnes bonos laudem consequemur ». (*Hist. de France*, XV, 325).

(49) Coll. Moreau, t. XXI, fol. 20-21. — B. N. Mss. lat. 17048, fol. 562. — Arch. de Rouen. Cartul. de Fécamp, fol. X.

(50) Entre 1164 et 1183 (Arch. de l'Eure, G 122, fol. 40). — On trouve dans les registres de l'Échiquier de Normandie en 1184 : « Pro uxore Willelmi Malveisin, IX libras per breve Regis » (Mém. de la Soc. des Antiq. de Normandie, t. VIII, p. 365).

De nombreux rameaux de la famille Mauvoisin ont fait souche à leur tour en Normandie.

(51) De L'Epinois, *Cart. de N. D. de Chartres*, t. I, p. 252.

Cet acte prouve qu'au nombre des filles de Raoul IV Mauvoisin était la mère de Pierre de Richebourg (Cf. note 49). Cette fille ne peut être qu'*Agnès* ou *Jehanne*, car *Reine* épousa son arrière-cousin Pierre III de Maule. En effet, la femme d'Henri II de Richebourg, père de Pierre I, portait le nom d'*Agnès* (Coll. Baluze, t. XXXVIII, fol. 27).

Manassé est qualifié « mira levitate » (guerrier très agile) par Guillaume le Breton. C'est grâce à son énergie que Philippe-Auguste se décida à attaquer Richard-Cœur-de-Lion et remporta une victoire signalée. Le chantre de la Philippide, en célébrant les exploits de Manassé et de son frère, dit d'eux : « Nulla quibus mors est aut captio curæ ».

Ce généreux chevalier « sur la fin de sa vie, en considération de ce qu'on ne peut être justifié que par ses œuvres », donna à St-Germain-des-Prés, pour y fonder son anniversaire, soixante sols de rente qu'il tenait en fief de son neveu *Gui III Mauvoisin*. Manassé était alors traité à St-Germain, qui comme toutes les abbayes de ce temps, servait aussi d'hôpital. Il avait avec lui ses deux sergents : Payen et Cointreaux. *Pierre*, son cadet, seul survivant alors de ses frères, approuva ce don (52).

Manassé vivait encore en 1204 (53). Il était mort en 1205, date à laquelle le roi donna à Hugues Poulain la terre d'Avernes-en-Vexin et divers droits sur les cens de cette paroisse et sur les coutumes de Mantes, dont Manassé avait joui (54).

Ce dernier trépassa le 17 octobre, et le nécrologe de Notre-Dame de Paris, dont il fut aussi le bienfaiteur, le qualifie « *nobilis genere et strenuus armis* » (55).

Manassé, Pierre et leurs neveux Gui III Mauvoisin et Pierre de Richebourg furent au nombre des cautions fournies au Roi en 1200 par Robert d'Ivry (56).

Pierre, que Philippe-Auguste appelle son chevalier, reçut de lui les terres des Alluets, de Cergy, de Nonancourt (vers 1201), de Saint-André au diocèse d'Evreux (en 1213). A cette date, il figure avec *Guillaume III*, un de ses neveux, comme témoin d'un acte de Geofroi de Neaufle (57).

On sait quel brillant fait d'armes il accomplit, à la bataille de Bouvines, où l'Empereur faillit demeurer son prisonnier (27 août 1214).

Pierre Mauvoisin épousa Agnès dont fait mention le nécrologe de Saint-Mellon de Pontoise, au 1er mai (58).

(52) A. N. LL 1027, fol. 144.

(53) Coll. Baluze, t. LV, fol. 91.

(54) L. Delisle, *Cartulaire normand*, n° 1127.

(55) Guérard, *Cart. de N. D. de Paris*, III, 200.

(56) L. Delisle, *Cat. des actes de Philippe-Auguste*, n° 632.

(57) L. Merlet, *Cart. de N. D. de Chartres*, I, 252. — La donation des biens royaux de Cergy a été publiée par M. H. Omont (*Bulletin de la Soc. de l'Hist. de Paris*, 1896, p. 198).

(58) Obitus Petri Malivicini et Agnetis ejus uxoris, pro quorum anniversario Johannes de Aneri filius eorum dedit vicariis xii denarios (Copie mss. du XVIIe siècle. Bibl. mun. de Pontoise).

Pierre Mauvoisin d'Ennery, en 1209, achète de Mathilde, sœur de Jehan de Poix, ses droits sur des moulins auprès de Pontoise (A. N. LL 1157, fol. 630).

Il était mort en 1228. La Cour du Roi à Rouen ordonna de contraindre, même par saisie de biens et de cheptel, sa veuve à se désister de ses poursuites contre Robert de Courtenay, au sujet de sa dot (*Cartulaire normand*, n° 155).

En 1234, *Jehan d'Ennery* dit *Mauvoisin* donna au Val-de-Notre-Dame pour le repos de sa mère Agnès qui y fut inhumée, deux arpens à Auvers, près le Bois de la Mairesse. Son sceau, où se voyaient trois aiglettes contournées, est décrit par Gaignières (59).

Raoul, sire de Saint-André, fils de Pierre, est cité dans divers actes des archives de l'Eure, en 1228 et 1238. De concert avec sa femme *Adeline,* il confirma les dons de son père au prieuré de l'Estrée (60). *Adeline* était fille de Gui III de Chevreuse et d'Aveline de Corbeil (61).

Raoul vivait encore en avril 1243. Un accord fut signé entre lui et Robin d'Ivry, à charge pour celui-ci de fonder et renter une chapellenie à la volonté de la reine Blanche. Adam, vicomte de Melun, chevalier, fut pleige pour Robin et ses frères qui n'étaient pas encore en âge (62).

Vers 1250, une enquête fut faite, après le décès de Raoul, pour savoir si ce chevalier tenait *le plaid de l'épée* et les autres plaids à St André de la Marche, au jour du marché qui se tient encore le vendredi.

Pierre Mauvoisin eut aussi un petit-fils, *Jehan de Noisy-le-Sec,* qui, en 1255, confirma une donation faite à l'abbaye du Val du consentement de son aïeul (63).

Richard fut encore un frère de Pierre. Il est mentionné avec *Geofroi* (sans doute son fils) comme ayant acquitté tous deux, en 1203, des amendes pour violences commises (64).

Raoul V Mauvoisin est cité dans un texte de 1180 comme ayant payé, de même qu'une infinité d'autres riverains de la Seine, une amende de dix sous au fisc « pro crasso pisce injuste capto : » il faut croire qu'on avait alors fait une enquête générale sur les délits de pêche commis sur les bords du fleuve (65).

---

(59) Mss. lat. 5462, fol. 23. — Deslyons (*Eclaircissement du Droit de l'église de Paris sur Pontoise,* p. 116) a publié l'acte de cette fondation par *Jehan Mauvoisin,* chevalier d'Ennery, en 1230.

Jehan, chevalier, dit *Mauvoisin,* fut avec Nicolas, abbé de St-Martin et Hervé, curé d'Ennery, l'un des exécuteurs testamentaires de Raoul Deliés VI, en 1239 (Arch. de S-et-O. Fonds d'Hérivaux, cart. 3). La terre d'Ennery était divisée à cette époque entre les Mauvoisins et les Deliés.

(60) Arch. de l'Eure, H 323, cote 5. Voir d'autres actes du même personnage datés de 1228 (H 793, fol. 85) et de 1234 (H 430).

(61) Le P. Anselme, t. VIII, p. 198.

(62) L. Delisle, *Cartul. normand,* nos 493 et 1165.

(63) Mss. lat. 5462, fol. 361 et suiv. La terre de Noisy était aux mains d'Adam Le Bouteiller en 1324.

(64) Rôles normands, p. 86. *Richard Mauvoisin* souscrivit à une charte de Hugues de Gournay en faveur de l'hôpital des pauvres de Lisieux en 1201 (Mém. des Antiq. de Normandie, t. VIII, p. 28). *Geofroi* est peut-être le même qui fonda la Mauvoisinière, à Pizieux (Sarthe) et se fit enterrer à Perseigne en 1251. (Mss. lat. 5474, fol. 127, où sont nommés les enfants de Geofroi Mauvoisin et d'Eremburge : *Colin, Jehanne* et *Amelote* dite *Florie*).

(65) Rôles de l'Echiquier de Normandie, p. 2 (Mém. de la Soc. des Antiq. de Norm., t. XV).

En 1198, il paya cinq sous d'amende pour plainte abandonnée devant le bailli d'Auge (66). Il paraît être mort sans postérité. Son frère, Guillaume II, lui suc-céda.

Avant d'étudier la descendance de Guillaume, il nous faut parler d'un Mauvoisin des plus célèbres, *Robert II*. Les généalogistes qui l'ont rencontré dans des actes où Guillaume IV de Garlande l'appelle son frère, ont cru qu'il était de cette maison. On se demande comment ils auraient pu expliquer la charte citée plus loin où *Robert Mauvoisin*, *Guillaume de Garlande* et *Dreux de Mello* se disent *frères*.

Ce terme doit être interprété rigoureusement.

Agnès, sœur de Guillaume d'Aulnay, après avoir épousé un sire de Mello dont elle eut Dreux, se remaria à Guillaume III de Garlande, dont elle eut Guillaume IV et Hélisende, mariée en 1161 à Simon de Mardilly (67). Lebeuf a publié leur contrat de mariage.

Une charte de Robert Iᵉʳ, comte de Meulan, établit nettement ces trois alliances successives :

« …Ego Robertus comes Mellenti concessi et confirmavi omnes elemosinas quas pater meus Galerannus comes et mater mea Agnes, *Sante Marie de Gornaio* donaverunt… insuper concedo donum quod fecerunt de furno de *Cauda*, et xiiii sol. census de familia Arroldi.

» Huic concessioni interfuerunt Willelmus de Garlanda, Robertus Malusvicinus, *et* Drogo de Mello *fratres*. Willelmus Malusvicinus, Manasses frater ejus. Willelmus de Pinu. Robertus de Formovilla. Thomas Bucels (68). »

En 1166, figurent comme témoins d'un acte de Gui de Montjay (Châtillon) « Willelmus de Garlanda, Drogo frater ejus » (69).

Ce Dreux de Mello, fils d'Adeline, n'a rien de commun avec le Dreux qui épousa Basle de Bulles, fille de Lancelin, comte de Dammartin. Mais c'est lui qui, dès 1161, était uni à Ermentrude, fille de Dreux de Mouchy, et dont le roi dut faire respecter les droits au partage de la succession de son beau-père, contre Nivelon de Pierrefonds, qui s'en était emparé comme mari de la fille aînée du sire de Mouchy.

Veuve de Guillaume III de Garlande, Agnès épousa en troisièmes noces *Raoul IV Mauvoisin*, veuf de *Bretonne*. Elle en eut deux enfants, *Robert II Mauvoisin* et *Agnès*.

(66) Grands rôles de l'Echiquier de Normandie, p. 19.

(67) Hameau d'Evry. Simon donne « dulcissimæ conjugi meæ Helissendi in dotem quicquid habeo extra nemus apud *Latiniacum* quamdiu mater mea vixerit. Testes ex parte Helissendis, Guillelmus frater ejus de Garlandia, Robertus Malusvicinus frater ejus… Anno 1161, Mauricio Parisiensi episcopo in primo anno episcopatûs sui existente » (Edit. Bournon, V, 132).

(68) A. N. LL 1397, fol. 22.

(69) Le P. Anselme en a fait un *Dreux de Garlande*.

Cette dernière épousa Dreux II de Cressonsacq, qui mourut en 1203, dans la Croisade qui aboutit à la conquête de Constantinople (70).

Agnès donna en 1206 à Saint-Antoine de Paris, pour la dot d'une de ses filles, cent sous sur le péage de Mantes, du consentement de Robert (71).

La mère de Guillaume de Garlande, de Robert et d'Agnès Mauvoisin, possédait le domaine de Courdimanche qu'elle transmit à Robert, sous réserve de rentes sur le champart attribuées à Guillaume et Agnès. Guillaume ayant disposé de deux muids de blé sur sa rente, en faveur de Saint-Martin de Pontoise, Agnès les revendiqua après sa mort ; une transaction intervint qui fut garantie par Robert.

Le chartrier de Saint-Martin contenait des lettres de lui à ce sujet, données en juin 1209, munies d'un sceau portant *d'or à deux fasces de gueules* et la légende : SIGILLVM ROBERTI MALIVICINI (72).

Robert fit, avec son frère Guillaume IV de Garlande, une fondation à St-Martin de Pontoise pour l'âme de son neveu Thibaut. C'est aussi pour obéir à des sympathies de famille qu'il fit diverses libéralités aux chanoines de Livry, que la maison de Garlande avait dotés (73).

Agnès d'Aulnay survécut à son troisième mari ; quand ses deux fils donnèrent ensemble à St-Martin de Pontoise la dîme de Puiseux, que Jehan de Bobigny leur avait vendue, elle intervint pour apporter son consentement (74).

Robert de Garlande, fils de Guillaume IV et d'Idoine, nomme Agnès sa grand'mère dans un acte de 1202 (Mss. lat. 11003, fol. 271). Ce Robert de Garlande ne doit pas être confondu avec Robert Mauvoisin, *son oncle.*

Robert Mauvoisin épousa *Cécile de Chevreuse*, sœur de Gui III de Chevreuse, et d'après M. Moutié, fille de Milon IV et petite-fille de Gui II et de Cécile.

Elle aurait donc, suivant l'usage constant de l'époque, relevé le nom d'une de ses grand'mères.

(70) Cf. Villehardoin, ap. *Histor. de France,* XXIII, 433, 445.

En mai 1226, Thibaut de Cressonsacq et Isabeau, sa femme, cédèrent à Saint-Antoine des Champs une redevance de cent sols parisis à prendre sur les droits dus aux Mauvoisin à Mantes. (Inventaire de Rolland Labbé, Arch. munic. de Mantes. Communication de M. Grave).

(71) A. N. S. 3859¹. n° 6.

(72) D. Estiennot, l. III, xi, 6.

(73) Lebeuf, t. II, p. 539, 604. Les biens donnés sont à Corberon et à Savigny. Robert avait aussi une censive à Villetaneuse (Ibid. t. I, p. 592). Il tenait de Jehan de Gisors des vignes, terres et bois à Ennery : un moulin, un vivier, une avouerie, un tensement valant 18 muids d'avoine, à Sagy, et des arrière-fiefs tenus par les chevaliers de Longuesse. Il avait au Boulay, dans la chatellenie de Nogent-le Roi, un fief pour lequel il devait l'ost et la chevauchée, deux mois de garde, et par ses hôtes, la corvée des fossés du château de Nogent (Rôle des fiefs normands, p.181, 183).

(74) GUILLELMUS DE GARLANDA et dominus ROBERTUS MALUSVICINUS frater ejus concesserunt ecclesie *Sti Martini Pontisarensis* decimam de *Puteolis* quam eis vendidit dominus JOHANNES DE BALBINIACO. Domina quoque AGNES mater ejus qui hanc decimam concessit ecclesie, habuit XL solidos. IDONEA uxor GUILLELMI concessit (D. Estiennot, l. III, v, 5).

Cécile (*Sicalia*) avait de son propre héritage une rente sur la prévôté de Chevreuse. Elle et Robert donnèrent cent sous pris sur cette rente aux Vaux de Cernay, ce que l'évêque Pierre confirma en 1215. Dans un acte de 1216, elle est qualifiée « Cecilia uxor Roberti Malivicini, soror vero Guidonis ».

Le 31 mai 1198, Robert, du consentement de *Cécile*, sa femme (75), donna pour le repos de l'âme de Thibaut de Garlande, à Notre-Dame de Franchart, la moitié de toute sa dîme de Saclay, qu'amortit Guillaume de Garlande dont il la tenait. Cet acte est passé à Aulnay (lès-Bondy) (76).

Une libéralité non datée, faite par Robert à Guillaume de Montfermeil, montre que la terre d'Aulnay, dont Robert avait hérité de sa mère, avait été par lui affectée à la dot de sa femme Cécile, qui prend du reste dans certains actes le titre de dame d'Aulnay.

« Ego R. Malvesinus omnibus notum facio quod Willelmo de Montefermoil quicquid habebam apud *Luat* concessi, de me tenendum, in feodo avunculi mei Willelmi videlicet de Alneto, de quo dictam terram tenebam in feodo ; et uxoris mee Cecilie super hoc impetrato consensu. Dictus vero Willelmus de predicto feodo ligium mihi debet hominium, salva fidelitate Willelmi de Garlandia. Quod ne possit in posterum violari, sigilli mei volui munimine confirmari » (77).

Le rôle politique et militaire de Robert II fut important.

Villehardoin le cite parmi les chevaliers de France qui se croisèrent en 1198 et prirent part en 1203 à l'expédition de Constantinople.

Robert fut un grand ami de Pierre des Vaux de Cernay, qui fait de lui le plus complet panégyrique : « Miles Christi nobilissimus, vir miræ probitatis, perfectæ scientiæ, incomparabilis bonitatis, qui à multis annis Christi serviciis exposuerat se et sua ». Envoyé à Rome en 1209 par le comte Simon de Montfort, dont il était le conseiller, pour promouvoir la Croisade contre les Albigeois, il réussit dans sa mission. Son ardeur militante fut extrême dans la lutte : après la prise de Minerve, en 1210, voyant promettre la vie sauve à tous les prisonniers qui se convertiraient, Robert « vir nobilis et totus in fide catholicus », s'effraya de cette clémence, redoutant un retour offensif des adversaires épargnés ; on le rassura en lui répondant que peu d'Albigeois profiteraient de cette grâce ; ce que l'événement confirma. Pour hâter la fin de la guerre, Robert retourna peu après en France, d'où il ramena plus de cent chevaliers qui firent dans le pays de Foix la campagne de 1211-1212. Il s'empara de Marmande au cours de cette dernière année (78).

Quelques années plus tard, en 1216, Robert Mauvoisin fut envoyé par Phi-

---

(75) Dès 1202, elle avait vendu une autre rente de 28 livres sur la même prévôté à son frère Gui III de Chevreuse (*Cart. des Vaux de Cernay*, t. I, p. 162-164, 179, 197, 203).

(76) Mss. lat. 17049, fol. 225. Baluze a mal à propos daté cet acte de 1158 (T. LXXXVIII, fol. 108).

(77) Cet acte est muni d'un sceau équestre dont le contre-sceau porte : Secretum Malevicini, comme légende entourant un écu à *deux fasces*. (A. Nat. S 4360, n° 52).

(78) *Histor. de France*, XVIII, 433, 445 ; — XIX, 27, 32, 57, 58, 60, 65.

lippe Auguste en ambassade auprès du pape Honorius III. Ce voyage fut le dernier de sa vie mouvementée.

En 1217, ce vaillant guerrier avait cessé de vivre. Cécile (*Sedilia de Alneto*), veuve de Robert Mauvoisin, chevalier, fit alors un accord avec Saint-Denis (79).

Robert paraît n'avoir laissé qu'une fille, *Isabelle*, mariée à Adam, sire de Beaumont au Bois (80).

C'est en effet Robert Mauvoisin qui figure sous l'initiale R. MALUSVICINUS dans un arrangement assez compliqué consenti par sa fille et son gendre au sujet de la dotation d'une chapellenie votive fondée par lui au moment de son départ pour la croisade (81).

En 1214, Robert ayant donné à l'abbaye de Chaalis deux sous de rente sur ses cens d'Aulnay, Adam y consentit (82).

Longtemps après la mort de Robert, en 1238, Adam confirma la fondation du prieuré de Villemomble par son frère Jehan, chambellan de France, et la donation faite à Livry par sa belle-mère, donation que le cartulaire analyse dans les termes suivants :

« SEDILIE dame d'*Aulnay*, fait scavoir que du consentement d'ADAM DE BEAUMONT et d'ISABELLE son épouse sa fille, elle a donné à Notre-Dame de *Livry*, 40 sols p. de rente annuelle ; et à l'église d'Aulnay savoir : aux moines pour pitance 5 sols et au curé d'*Aulnay* 5 sols ; au curé de *Coubron* 5 sols et au chapellain de *Montauban*, 5 sols. Le tout à prendre sur la prevosté de *Chevreuse* tous les ans, aux octaves de S. Jean-Baptiste (83).»

Guillaume II Mauvoisin, mari d'Adeline, hérita de son frère Raoul V la terre

(79) Coll. Baluze, t. LV, fol. 411.

(80) Les recherches savantes et malheureusement encore inédites de M. le colonel Borrelli de Serres sur la famille de Beaumont-sur-Oise lui ont permis d'établir la filiation de cette branche, vassale des Villebéon pour sa terre de Beaumont-au-Bois, près Nemours.

Nous lui exprimons ici tous nos remercîments pour la communication anticipée qu'il a bien voulu nous faire à ce sujet.

(81) Noverint universi quod ego A. (Adam) dominus Bellimontis, de assensu et voluntate Isabelle, uxoris mee, concessi... donationem quam dominus R. Malus Vicinus fecit pro quadam capella constituenda ubicumque voluerit, et si forte eum decedere contigerit antequam capella constituatur, secundum voluntatem et assensum dispositorum suorum ubicumque voluerint fabricetur. In donatione ista continentur mod. bladi in campiparte de Alneto ; residuum pratorum de ponte David, post quinque arpenta que dictus R. dedit domui Bti Antonii ; viginti sol. in censu de Corberun... Quod ut ratum sit et firmum, presentem paginam sigilli mei sigillatam effici. Actum anno Domini M° CC° undecimo.

(Arch. Nat. L 1601. Orig. parch. sceau perdu. — Douët d'Arcq, *Rech. hist. sur les Comtes de Beaumont-sur-Oise*, p. 217, a reproduit cette pièce avec certaines inexactitudes).

(82) B. N. mss. lat. 11003, fol. 268.

(83) Cartul. Livriaci, fol. 17. — Bibl. de Ste Geneviève, mss. 676, p. 41.

Adam de Beaumont approuva ce don en 1238 ; Gui de Chevreuse en 1239 (Ib. fol. 40).

de Rosny. On sait quelles avaient été ses attaches normandes (84). Aussi, dès qu'il prit possession de son domaine, les religieux du Bec vinrent-ils le trouver dans l'île Epineuse, pour solliciter une exemption du péage (85).

La mort de Guillaume II doit se placer entre 1197, date où vivait encore son frère Raoul V, et 1201, où son fils *Gui III* l'avait remplacé. Celui-ci confirma les privilèges du Bec, de l'assentiment *d'Adeline*, sa mère, et de ses frères *Guillaume III, Raoul VI* et *Robert III* (86).

Il est même probable que Guillaume II était mort dès juillet 1200, époque où nous avons vu son fils, Gui III, figurer avec Pierre, frère cadet de Guillaume, comme caution de Robert d'Ivry. A cette même époque Gui III fonda le prieuré de St-Antoine de Rosny. Trois ans après, on le voit céder à Barthélemi de Roye tous ses prés dans l'*île Mauvoisin*, sur la Seine, au-dessus du pont de Mantes (87).

Dès 1201, Gui III avait épousé Aélis de Porhoët. Les différends qui s'étaient élevés entre Etienne Poinmule, prévôt de Rosny et les moines de St-Wandrille, au sujet du *trait* de la dîme, du râtelage des prés, des terres du Mont Nivelon et du Gast-Odeline, furent assoupis, en présence de ses frères Guillaume et Robert et de sa femme Aélis (88).

(84) Il fit de brillantes opérations de guerre signalées notamment dans un rôle de l'Echiquier de Normandie en 1195 :

« LI libras de redemptione prisionariis quos MALVEISIN fecit, qui tenebantur apud *Walmont* — ... lb. x solidos de venta quinque navium piscatoriscum quos MALVEISIN cepit in tempore guerre ».

(85) Ego GUILLELMUS MALVEISIN in transitu Sequane apud *Medantam* et apud *Roeni* in his que mihi et heredibus pertinent, dedi monachis Ste Marie Becci jure perpetuo, ut naves et bacci illorum cum vino et annona libera et quieta sint ab omni exactione. Testes ADELINA uxor mea, et MANECER et PETRUS fratres mei, GUERRICUS DE PORTA, BALDUINUS DE MAIGNAVILLA, HUBERTUS DE FLOHAUCORT, Willelmus filius Alani. Facta est héc concessio in insula ante *Roeni* que vocatur *Spinosa*.

(Neustria pia, p. 490).

(86) Sciant presentes et futuri quod ego GUIDO MALVEISIN consilio et voluntate AELINE matris mee, fratrumque meorum GUILLELMI (III), RODULFI (VI), ROBERTI (III), omniumque meorum assensu, confirmo monasterio Ste Marie de Becco... libertatem in transitu Sequanæ apud *Medantam* et apud *Roenai*... et pro hoc recepi xx libras de karitate ecclesiæ... his testibus : THEOBALDO DE OENVILLA, JOHANNE DE SELOENCORT, PETRO DE MAGNAVILLA, etc. Anno 1201 (*Neustria pia*, p. 491).

Le dossier L 780 des Archives Nationales contient un rouleau reproduisant la pancarte du péage de Mantes et la nomenclature des exempts.

(87) Dutilleux, *Cartulaire de Joyenval*, ap. Mém. de la Soc. Hist. du Vexin, t. XIII, p. 79. — L'abbé Thomas, *Rosny-sur-Seine*.

(88) Dominus GUIDO MALEVICINUS notum facio quod controversia diu durata inter conventum Sti Vandregesili et STEPHANUM POINMULE prepositum de *Roni*... sopita quievit... in presentia nostra et fratrum meorum WILLELMI et ROBERTI MALEVICINORUM et uxoris mee AELIS, et GARINI tunc prioris Sti Stephani de *Roni* et WILLELMI presbiteri *Sti Leobini* et Engelberti COUART... Super caput Sti Quirini martyris (Saint Cyrin, compagnon de S. Nicaise)... ipse (Stephanus) renunciavit, etc. » (*Neustria pia*, p. 604).

Les archives de Mantes, d'après l'inventaire de Rolland Labbé, contenaient l'acte de vente passé en 1201 par Gui et Elie (*sic*), sa femme, « des coustumes et droits de passage en la ville de Mante, tant par mer que par eaue, avecques le droit qui lui appartient sur ses hostes et subjects aud. Mante, aux charges declairées esd. lettres scellées en cire blanche, un homme à cheval emprainct, pendant en lacs de soie ».

Tous les historiens, depuis André Duchesne dans l'*Histoire de la maison de Dreux*, ont fait de Gui Mauvoisin, ancêtre de la maison de Rosny, un fils de Raoul IV. L'intercalation nécessaire d'un anneau généalogique ignoré est constatée pourtant de la manière la plus précise, et par les documents déjà cités, et par un diplôme de 1204, non moins formel.

Philippe-Auguste étant à Mantes et confirmant alors l'arrangement passé entre Gui III et la' Commune de cette ville, s'exprime ainsi :

« Ex *antiquo scripto* GUIDONIS MALEVICINI cognoscimus quod idem Guido de assensu uxoris sue ALIX concessit universitati hominum de *Medunta* duas partes conductus et totius consuetudinis *Rodonici*, tam in terra quam in aqua ; et duas partes reddituum omnium et consuetudinum *Medunte*, tam in terra quam in aqua et in hospitibus, sicut pater ejusdem Guidonis GUILLELMUS MALEVICINUS tenuit et habuit, pro CLXXXIII libris VI solidis et VIII denariis annuatim reddituum, excepto fenagio pratorum suorum quod GUIDO retinuit, (quam conventionem) apud petitionem *ipsius* GUIDONIS laudamus » (89).

Les cessions de droits consenties par Gui III furent assez nombreuses. En 1204, à Gisors, en présence du roi, il renonce à toute revendication sur les biens possédés à Boissy-Mauvoisin par Saint-Georges de Mantes, énumérés dans la charte de son grand-oncle Sanson reproduite ci-dessus (90).

Vers le même temps, on le voit céder à Saint-Denis tous ses droits sur Boissy-l'Aillerie qui lui venaient de Thibaut I de Maudétour, dont descendait, croyons-nous, Adeline, mère de Gui (91).

Sur la fin de l'année 1204, Gui vendit à St-Wandrille deux arpents de terre dans la forêt de Chevry (92).

On trouve en 1207 une transaction entre ce seigneur et l'abbaye de St-Wandrille passée « coram MATHIA RENOARTH majore Medantensis communie » et ses douze pairs dont les noms sont énumérés dans l'acte (93).

(89) Levrier, t. XIV, preuve 750. Léop. Delisle, *Catal. des actes de Philippe-Auguste*, n⁰ˢ 632, 869, 897.

(90) Léopold Delisle, *Cartulaire normand*, n° 1078. Philippe-Auguste le constate dans un diplôme donné à Paris en janvier 1205, qui place désormais cette paroisse sous la protection royale.

(91) Notum sit o. t. f. q. p. quod ego GUIDO MALVICINUS concedo Deo et ecclesie Bti Dionisii omne jus et dominium et omnem redditum quem habebam in villa de *Boissi l'Agleri*, exceptis redditibus et justicia que habebam ex parte THEOBALDI DE MALDESTOR, in majore ejusdem ville. Hujus rei testes sunt : Milo monachus, Buccardus et Ansoldus presbiteri, Martinus Asthonis, Robertus Ruffus, Matheus de Gason (Gaseren ?), Hugo de Hodenc, Herbertus Mentula Asini, Petrus de Besonz, Robertus de Roseo, Guido de Argentolio.

(A. N. S 2323, n° 12).

Le sceau équestre sur cire blanche de Gui III est parfaitement intact. Le contre-sceau porte deux fasces, à l'étoile en pointe. Une charte de Thibaut II de Maudétour, relative à cette aliénation, est datée de 1192. Elle est scellée d'un sceau admirablement conservé, mais d'un dessin très barbare, rappelant certaines œuvres de sculpture ancienne conservées dans des églises du Meulanais et du Vexin.

(92) Grand cartulaire de St-Wandrille, fol. CCLV. — En novembre 1283, Philippe le Hardi confirma le réglement fait par Gui VI Mauvoisin, au sujet des usages dans cette forêt (Tardif, *Cartons des rois*, n° 922).

(93) Arch. de Rouen. Grand Cartulaire de S. Wandrille, fol. CCLVII.

La table analytique du cartulaire du Bec, dont quelques fragments nous ont été conservés (94), cite un titre où « Guido Malvesin et Aalicia, domina de Roeni et de Vetolio », délaissent à l'abbaye leurs droits seigneuriaux à Chérencé, près la Roche-Guyon.

Nous avons vu que Gui III avait trois frères : *Guillaume III*, *Raoul VI* et *Robert III*. Peut-être le premier est-il le Guillaume Mauvoisin, moine de St-Denis, dont font mention des textes de 1218 (95).

Dès 1204, *Raoul VI* vendait aux habitants de Mantes « la neufiesme porcion des coustumes de Rosny à lui appartenant et estant audit Mante et pareille porcion sur les hostes et subjects aud. Mante. » (96).

Raoul VI, mari de *Marguerite*, partit pour la croisade des Albigeois et y périt probablement sans postérité (97).

Robert III épousa Elisabeth Morhier (98). Il hérita de sa mère, qui jouissait de divers biens dans le Meldois, des moulins à Précy-sur-Marne. Robert reconnut, en 1202, un legs fait par sa mère à Sainte-Geneviève d'une rente sur ces moulins (99).

Les fils de Guillaume II paraissent avoir tous succombé prématurément, sans doute au cours de la guerre du Midi. Gui III avait cessé de vivre vers 1211.

Aélis était veuve lors de la confection du rôle des fiefs normands dressé par ordre de Philippe-Auguste : « Domina Aaliz de Rooniaco mater Guidonis Malivicini tenet de rege hoc quod habet apud *Rooniacum* in feodo et dominio... et maritagium filii sui, et xviii militum feoda, etc. » (100).

---

(94) Arch. de l'Eure, H 92. Ecriture du XIVe siècle.— Cet inventaire mentionne une sentence rendue aux requêtes du Palais « contra dominum Guillelmum le Bouteiller militem, dominum de *La Roche-Guyon* », pour le paiement d'une rente de 14 s. 4 den., de 8 setiers de blé et de 2 muids de vin qu'il devait au Bec sur ses cens, son moulin et son pressorage de Vétheuil.

(95) A. N. S 2323, n° 17.

(96) Cet acte était scellé en cire blanche, sur lacs de soie jaune, d'un sceau portant un écu à deux fasces. Gui Mauvoisin confirma cette vente dans des lettres de 1204, scellées d'un sceau équestre. (Inventaire de Rolland Labbé, communiqué par M. Grave).

(97) « Ego Radulphus Malusvicinus proficiscens in *Albigensem* dono in elemosinam de consensu Margarite uxoris mee ecclesie *Bte Marie de Rooneto*, in honore Bte Marie et Bti Quirini, decimam fenorum pratorum meorum de *Espineuse* ».

(98) Cette alliance est rappelée dans un acte de 1209, constatant une vente par Guillaume Morhier (fils de Garnier qui vivait en 1140), et Tècle sa femme, à Jehan Morhier, autre fils de Garnier, du consentement de leurs frères Garnier et Philippe, « concedentibus etiam sororibus meis Helissent uxore domni Simonis de Pincon (Picquigny) et Elisabez uxore domni Roberti Malivicini ». (*Cartulaire des Vaux de Cernay*, t. I. p. 179).

(99) « Odo Parisiensis episcopus... Robertus Malusvicinus miles recognovit quod Adelis mater sua dederat ecclesie *Ste Genovefe de Buxo Tercii* duos medios bladi et dimidium ad mensuram *Meldensem* in molendinis suis de *Pressiaco* annuatim ». (*Cart. de Ste-Geneviève*, p. 138).

(100) Rôles normands, p. 179.

Gui III laissa d'*Aélis de Porhoët*: *Gui IV*, *Guillaume IV*, *Aélis*, mariée à Guillaume II de Senlis, sire de Chantilly, mort captif des Sarrasins en 1249 (101) ; *Marie*, qui s'unit à Anseau III de l'Isle-Adam, et *Agnès*, qui épousa Sicard, vicomte de Lautrec (102).

Guillaume IV était sire de Serquigny et de Fontenay ; il approuva en 1237 la cession des dîmes de Santeuil et du Perchay à l'abbaye de Bonport (103). Au déclin de sa vie, en 1245, il consentit une autre caution dans des circonstances plus dramatiques. Jehan, prieur de Juziers, ayant été occis traîtreusement, les auteurs présumés du meurtre furent bannis à perpétuité du royaume. C'était Guillaume Périer, chevalier, et Robert, sire de Villette. Ils adressèrent au roi un recours en grâce, demandant que leur procès fût fait devant l'official de Chartres, promettant de se soumettre à la sentence et offrant caution. Ils étaient assurés ainsi d'échapper à la peine capitale et à celle de l'exil perpétuel, que la juridiction religieuse ne pouvait prononcer. Le roi ayant consenti, l'official jugea les coupables et les condamna à effectuer des pèlerinages successifs appelés *hachées* : d'abord du lieu du forfait à la tombe de leur victime, puis à une série de cathédrales. Ils devaient s'y présenter à l'heure d'un office solennel, nu-pieds, en caleçon et chemise d'étamine, un manteau troué sur le dos et des verges à la main, criant : « Nos facimus hoc pro facto quod apponatur nobis de morte Johannis quondam prioris de Jusiaco et pro bono pacis », formule qui réservait leurs protestations d'innocence. Un certificat devait leur être délivré pour chaque amende honorable. Robert de Villette fut en outre condamné à demeurer trois ans en Terre-Sainte, à compter de la St-Jean 1248. Les coupables acceptèrent cet arrêt et présentèrent comme leurs garants *Guillaume Mauvoisin* et plusieurs autres nobles mantais (104).

En mars 1258, Guillaume Mauvoisin, Agnès sa femme et Marguerite sœur d'Agnès, veuve de Robert Le Rouillé, s'accordèrent avec les moines de Marmoutier au sujet d'un droit de mouture sur les moulins de Maintenon (105).

Peut-être faut-il ajouter aux enfants de Gui III un *Pierre II Mauvoisin*, contemporain de Gui IV, qui conduisit quatre de ses hommes à l'armée du comte de Poitiers vers 1242 (106).

(101) Le P. Anselme, t. VI, p. 253.

(102) L'abbé Thomas, *Rosny-sur-Seine*.

(103) Mém. de la Soc. Hist. du Vexin, t. XIX, p. 67. — Le Prévost, ap. Mém. de la Soc. des Antiq. de Normandie, 1827, p. 412.

(104) Levrier, t. XIV, preuve 929.

(105) Archives d'Eure-et-Loir, H. 2342. Le sceau de Guillaume, d'après Dom Villevieille (Mss. fr. 31940), portait *deux fasces échiquetées*.

(106) Teulet, *Layettes*, II, 659. La seigneurie de Jouy-Mauvoisin près Mantes, était en 1265 aux mains de Pierre Mauvoisin, chevalier, qui obtint arrêt lui maintenant dans sa terre le droit de haute-justice (Levrier, t. XV, preuve 1026).

A la mort de Gui III, qui fut peut-être aussi, comme son fils aîné, une victime de la Croisade, *Aélis* intervint dans plusieurs actes comme tutrice de son fils *Gui IV*. Témoin l'attestation suivante, datée de juin 1219 :

« Ego Guido Malusvicinus de assensu matris mee dedi — ecclesie *Bte Marie de Rodonio* — decimam fenorum pratorum meorum d'*Espineuse* ».

Nous rencontrons en 1225 un sceau de Gui Mauvoisin apposé à l'acte d'approbation d'une cession de droits sur le travers de Mantes et Rosny à l'abbaye de Jumièges. Ce sceau équestre comporte un contre-sceau où se voit un écu à la fasce accompagnée de six annelets, trois en chef, deux et un en pointe (107).

Les historiens de Bretagne relatent les démêlés de *Gui IV* avec Raoul de Fougères, son cousin germain, à propos de l'héritage d'Alix de Porhoët. La paix fut faite en 1235 par l'intervention royale (108). Gui se désista, moyennant 2500 livres tournois et une rente annuelle de 200 livres assignée sur les biens de Raoul en Normandie, de toute réclamation sur la succession de son bisaïeul Eudes, vicomte de Porhoët, élu comte de Bretagne en 1148 par les Rennais, chassé en 1156 par Conan IV et réfugié en France.

Pour ce contrat, les deux parties fournirent caution au roi. Parmi les garants de Gui figure *Guillaume IV Mauvoisin*.

Gui IV prit part à la journée de Taillebourg en 1248. Sa valeur et sa puissance sont attestées par Joinville. Ce véridique biographe vante sa bravoure au combat de la Massoure en 1250, et il ajoute : « Toute sa bataille, n'en falloit gueres, estoit toute de chevaliers de son lignage et de chevaliers qui estoient ses hommes-liges ». C'est lui qui fut le porte-parole de tous les chefs de l'armée au conseil tenu sur le retour en France en 1251. L'éloquence de Joinville fit repousser les propositions de Gui, qui se prononçait sur le rapatriement des débris de l'armée française (109).

C'est apparemment d'*Acre* en août 1250, et non d'*Acon* près de Tillières, que doit être daté l'acte par lequel Gui Mauvoisin, chevalier, constate la déclaration faite en sa présence par Guillaume de Gazeran et Bouchard de Brétigny, chevaliers, que Simon de Gazeran, chevalier défunt, a fait avant de mourir un legs aux Vaux-de-Cernay (110).

(107) Levrier, t. XIV, preuve 870.

Dès 1222, Gui agissait seul, comme le montre l'extrait suivant de l'Inventaire des Archives municipales de Mantes, dressé par Rolland Labbé :

« La cinquiesme (pièce) est une petite lectre en parchemin en dactés de l'an mil deux cens vingt deux ou moys de juing par laq^{lle} appert ledict Guy de Mauvoisin avoir chargé les maire et pers de payer à la chapelle de la Vierge Marie du Vatguyon, la somme de soixante solz parisis par chacun an qui sont des charges contenues en sa donnacion, scellées en cire blanche, ung homme à cheval emprainct. »

(108) D. Morice, *Hist. de Bretagne, Preuves*, I, 840. — Les *Securitates* ou actes de garantie ont été publiés par M. Léopold Delisle (*Cartulaire normand*, nᵒˢ 416-420, 1152) et par Teulet (*Layettes*, II, 295 et suiv.).

(109) *Histor. de France*, XX, 229-235-255.

(110) *Cartul. des Vaux-de-Cernay*, t. I, p. 464.

Son dernier acte paraît avoir été le legs de 20 livres tournois sur l'échiquie. de Rouen fait en 1252 à l'abbaye de la Vauguyon (111).

Dès le 25 juillet 1253, sa veuve faisait acte de fidélité au roi, pour le fief de Rosny (112).

Gui IV fut marié deux fois. *Julienne*, dame de Tillières, sa première femme, fit, à son lit de mort, en 1227, une libéralité au prieuré de l'Estrée (113).

Il n'eut de ce mariage qu'une fille, *Aélis*, mariée à Gasce V de Poissy.

La seconde femme de Gui IV, *Ide*, est citée en 1256 comme dame de Rosny (114).

Elle mourut en 1261, laissant *Guiot* (*Gui V*) son fils, entièrement orphelin. La tutelle fut disputée entre Jehan de l'Isle-Adam, fils de Marie, l'aînée de ses tantes paternelles, et le fils de la cadette, Pierre, vicomte de Lautrec, qui se trouvait être le plus âgé. Conformément à la coutume du Vexin, Jehan eut gain de cause (115).

Une fille de Gui Mauvoisin IV épousa le châtelain de la Roche-Guyon. Les *Olim* contiennent un aveu de leur fils, rendu au roi en 1301 pour l'hommage direct des bois du Chesnay, entre la Roche et St-Martin-la-Garenne, « presente Guioto Mauvoisin, avunculo suo » (116).

Les *Olim* enregistrent un arrêt par lequel les limites d'une juridiction contestées par *Guiot Mauvoisin fils de Gui*, sont maintenues conformément aux prétentions du Domaine, sur un territoire confinant à Mantes et Rosny (117).

Saint Louis, qui avait, pendant un séjour à Mantes, ratifié la convention passée entre la commune et Ide de Rosny, au sujet du droit de chasse, y revint dix ans plus tard pour régler, comme arbitre, une nouvelle contestation entre les bourgeois et le seigneur, au sujet du même droit. Gui V renonça à faire garenne entre Rosny et Mantes, moyennant une indemnité de cent livres parisis (118).

---

(111) Je Guis Mauvesoins fais savoir a tos ceaus qui ces lettres verront que je lais à *Notre Dame dou Val Guion* en pure et perpétuel aumosne pour le salu de m'ame XX liv. de tournois de rente chascun an a establir un moine leans plus qu'il ne n'i a, qui chantera por l'ame de moi, assis et a recevoir à l'eschaquier de St Michiel a *Roban* sus les deniers que je tienz de monsegnor le roi de France. Et que ce soit ferme et estable, j'ai ces lettres saellées du garnissement de mon sael. Ce fu fait en l'an de l'Incarnacion de N. S. J. C. mcclii.

(Martene, *Amplissima Collectio*, I, 1332).

(112) L. Delisle, *Cartulaire normand*, n° 509.

(113) Ego Guido Malusvicinus n. f. quod Juliana uxor mea... liberam fecit domum de *Loines*... monachis de *Strata* de omnibus talliis... et totam moutam suam sibi et successoribus suis solitam in molendinis de *Tilleriis*... anno gratie 1227. — Charte semblable de « Juliana domina Tylleriarum ». s. d. (Orig. sc. perdus. Arch. de l'Eure, H 320, cote 29. — Cote 33, traduction d'une charte de Richard, év. d'Evreux, de février 1228 (1229 n. st.) vidimant la charte de Jehanne, dame de Tillières « d'heureuse mémoire »).

(114) Levrier, t. XIV, preuve 965.

(115) *Olim*, I, fol. 27. Le jugement fut rendu après enquête au Parlement de la Chandeleur, 1262.

(116) Levrier, t. XV, n° 1130.

(117) Jugement du Parlement de la Pentecôte 1266.

(118) En octobre 1266. — (Levrier, t. XV, preuve 1039, d'après un original de ses archives).

Le cartulaire de St-Wandrille renferme une longue et curieuse sentence rendue par Guillaume de Flavacourt, archidiacre du Petit-Caux (depuis archevêque de Rouen), entre cette abbaye et Gui Mauvoisin, réglant une série de questions contentieuses, une notamment relative aux essaims (*de apibus vagis*). Elle est de 1269 (119).

Par arrêt du Parlement de 1278, Gui V, sire de Rosny, fut condamné à une amende envers la Commune de Mantes, à laquelle la prévôté royale était alors unie, pour faits de violences commis par ses valets dans la ville, et afin de constituer une fondation pieuse pour le repos éternel d'un habitant qu'ils avaient tué.

Gui V fit un riche mariage pour ce temps. *Isabeau de Mello*, qu'il épousa, reçut en dot, en 1265, de son frère Dreux VI, une rente de 600 livres sur le Trésor, accordée à leur père Dreux V en échange de ses droits sur les villes de Loches et de Châtillon-sur-Indre (120).

De ce mariage sortirent : *Gui VI*, marié à Laure de Ponthieu, fille de Jehan comte d'Aumale et d'Ide de Meulan, fille d'Amauri; — *Jehanne*, unie à Robert de Tancarville; — *Marguerite*, qui épousa Pierre de Heilly, sire d'Auneuil; — *Isabeau*, mariée en 1315 à Jehan II de Heilly, en 1321 à Pierre de Chambly, chambellan de Philippe-le-Bel, en 1323 à Louis II de Sancerre; — enfin *Ide*, qui épousa Guillaume d'Esneval (121).

Gui V, comme nous l'avons vu, vivait encore en 1311.

Nous arrêtons ici la généalogie des Mauvoisin qui, depuis le milieu du XIIIe siècle, n'offre plus de difficultés.

Les sceaux des Mauvoisin, relevés par Douët d'Arcq, ont tous les mêmes armoiries: *un écu chargé de deux fasces*. On le retrouve chez *Robert* au XIIe siècle; chez *Gui IV* en 1228; chez *Guillaume IV* en 1231; chez *Gui V* en 1283 (122).

Les émaux étaient, d'après La Chesnaye des Bois, d'or à deux fasces de gueules. Les Mauvoisin d'Angoville, de la branche normande, portaient trois fasces, les couleurs interverties (123).

(119) Grand Cartulaire, fol. cclix.

(120) Le P. Anselme, t. VI. p. 61. — *Gui V Mauvoisin de Rosny* ne doit pas être confondu avec son cousin *Gui Mauvoisin de St-André*, descendant de Pierre et de Raoul (p. 258 *suprà*).

« Guido Malusvicinus miles dominus de Sto Andrea, comparuit pro feodo Sti Andree, et vadit in exercitum. » (Rôle des chevaliers du bailliage de Gisors en 1272. — Levrier, t. XV, preuve 1078).

(121) L'abbé Thomas, *Rosny-sur-Seine*. — Le P. Anselme, t. VI, p. 791-792; t. IX, p. 398.

(122) Douët d'Arcq, *Coll. de sceaux*, t. I, n°s 2766 à 2770.

(123) La Chesnaye des Bois, éd. in-4°, t. IX, 662.

II

Sur la famille LE RICHE

La famille *Le Riche de Paris* est une de celles dont l'étude offre le plus d'intérêt pour l'histoire du centre de l'Ile de France.

Le surnom de *Le Riche* n'est point, en effet, comme on l'a cru longtemps, un simple qualificatif individuel: c'est, au même titre que toute autre dénomination analogue, le surnom patronymique d'une race dont la branche principale s'est appelée *Le Riche de Paris* et souvent, par abréviation, la famille *de Paris*.

M. Auguste Longnon, avec sa profonde connaissance des détails les plus intimes de notre ancienne histoire, a signalé le premier toute l'importance de cette souche illustre dont, par un étrange contraste, bien des rameaux ont été décrits, alors que le tronc demeurait complètement négligé.

Ce fut sans doute une fidèle alliée de la dynastie capétienne, car sous le règne de Hugues Capet et de ses premiers successeurs, on la voit occuper la plupart des postes militaires, dont elle se fit bientôt des charges héréditaires, et posséder une infinité de biens monastiques, peu à peu restitués plus tard à l'Eglise.

§ I. Les LE RICHE DE MAULE

Parmi les branches qui intéressent le Parisis, nous citerons d'abord la branche *de Maule*. Elle remonte à *Ansoud III*, fils du baron *Guérin* de Paris, et frère de *Milon;* ces deux frères, chevaliers en 1045, sont qualifiés, en 1046, *optimates palatii regis.*

L'héritier d'Ansoud III, *Pierre I*, seigneur de Maule, qui confirma des dons faits « ab antecessoribus meis Ansoldo et Guarino », mourut le 12 janvier 1101. Son épitaphe, qui le qualifie « *flos procerum, summus apud proceres, nobilium hæres* », assure que « Paris le pleura ». Le moine malicieux qui composa ce morceau représente son héros comme un joyeux compère, plus épris des festins que des armes :

Dapsilis et lætus multum fuit atque facetus,
Plus epulis quam militiæ studiosus agoni.

Il épousa *Guindesmoth*, d'une noble famille du Troiesin, dont il eut quatre fils : *Ansoud IV, Thibaut, Guérin III, Guillaume*, et quatre filles : *Herbeline, Erembourg*, femme de Baudri de Dreux, *Eudeline* et *Hersent*, femme de Hugues de Voisins. Gautier de Poissy fut au nombre des gendres de Pierre (124).

Ansoud IV, successeur de Pierre I à Maule, avait été armé chevalier dès sa tendre jeunesse en 1065 ; il fut un brave guerrier et se distingua notamment dans le combat livré par Robert Guiscard aux Grecs en 1081 près de Durazzo.

De retour en France, il contribua avec son frère Thibaut à défendre le château de leur père, qui résista à l'attaque des Anglais contre la France en 1097.

Il mourut le 27 décembre 1118, laissant d'*Eudeline*, fille de *Raoul I Mauvoisin*, sept fils : *Pierre II, Raoul, Guérin IV, Lisiard, Gui, Ansoud V* et *Hugues*, et deux filles, *Marie* et *Guindesmoth*. L'une de celles-ci épousa Orson de Montlhéry.

Hugues I fut, en 1138, témoin pour Amauri de Montfort et Etienne de Garlande, dans une convention avec St Germain des Prés (125).

Pierre, associé à son père dès mars 1106, accompagna Louis-le-Gros à la bataille de Brémule ; il fit partie de l'expédition de Guillaume Cliton et se sauva habilement après la défaite ; il prit, avec son oncle Gui Mauvoisin, rang dans les alliés de Galeran II de Meulan en 1124 (41).

Quelque temps après, une rupture éclata entre lui et le roi, qui marcha contre Maule et détruisit les remparts élevés par Ansoud III (126).

Les chanoines de Ste-Geneviève obtinrent alors de Louis VI confirmation de la cession de la voirie de Rungis, à eux faite par Pierre de Maule et Orson de Montlhéry (127).

---

(124) D'après les archives de la famille de Maule, un frère de Pierre I, *Guérin II*, passa en Angleterre en 1066 et y devint la tige d'une nombreuse lignée.

(125) Tardif, *Cartons des rois*, n° 437.

(126) La date de cette expédition est très difficile à fixer. M. Luchaire la place entre 1120 et 1125 (*Louis VI le Gros*, n° 366). Orderic Vital traite Pierre II de « jeune fou qui s'attira la colère du roi après avoir follement dilapidé son bien et ravi témérairement celui des autres ». Mais il ne faut pas prendre au pied de la lettre les termes de « jeune fou » sous la plume d'Orderic, qui était fort âgé lorsqu'il rédigea cette partie de ses chroniques.

(127) Lebeuf, *Hist. du diocèse de Paris*, IV, 48.

Pierre II épousa *Ade de Guines*, nièce de Bouchard IV de Montmorency ; il eut deux fils, *Pierre III* et *Hugues II*.

Pierre II fit une fondation à Notre-Dame de Maule pour le repos de l'âme de son frère Raoul : elle fut confirmée par *Pierre III le Jeune*, son fils.

« Ego Petrus de Manlia confirmo et concedo omnia que antecessores mei *Ste Marie de Manlia* et monachis ibidem Deo servientibus dederunt, vel a suis data concesserunt, in terris, in vineis, in consuetudinibus nemoris, in hospitibus, in decimis segetum, in decimis molendinorum, in decimis torcularium, et illa que ego temporibus meis eisdem dedi, vel ab hominibus meis data concessi : decimam mercati, decimam molendini novi, nemus mortuum de coldreio ad duos asinos pro anima Radulfi fratris mei... Hec omnia ego Petrus junior que a patre meo data audio vel concessa, monachis *Sti Ebrulfi*, eodem presente, do et concedo, et super altare pono.

» Testes Radulfus Malveisin. Hugo parvus qui eadem concessit. Amalricus de Toreio. Rogerius de Pixeio. Simon Sanzaveir. Hugo de Felunvilla. Petrus frater suus. Henricus Brostesalz. Hugo de Vineolis. Gaufridus de Marolio. Adam de Maruil. Gauterius de Ponz. Radulfus de Cauda. Guido de Hainnou. Matheus de Mesherout. Galcherius Pictor. Guesbertus Bardol. Gauterius Boschet. Fulco presbiter. Hadericus presbiter. Stephanus de Garda. Gaufredus molendinarius. Gesbertus de Ulfeto. Geroldus taneor. Harduinus filius Gosconis » (128).

« Ego Petrus dnus Manlie concedente Petro juniore, filio meo, dedi *Bte Marie de Manlia* et monachis ejus quicquid habebam in vinea Milonis sacerdotis, cognati mei, scilicet censum xli denar. per annum ; et acinum ejusdem vinee, quod ad prelum meum venire solebat, a modo ad prelum eorum ibit.

» Monachi vero dederunt mihi hoc quod habebant in terra *Seinart*, scilicet xii den. per annum, decima ejusdem terre semper monachis remanente... Testibus Radulfo de Sancta Columba tunc priore. Fulcherio Fulcone. Raginaldo de Grentemenil. Radulfo Malnorri. Galterio Bulete. Rogerio et Johanne, sacerdotibus. Radulfo de Basemont. Petro de Baina. Osberno Anglico de Novoburgo. Roberto de Gaseran. Hugone puero filio Dni P[etri]. Henrico de Genor. Roberto coco » (129).

Pierre III épousa R... (*Reine*), sœur de *Guillaume Mauvoisin*, et en eut trois fils : *Hugues III, Pierre IV* et *Roger*. En 1195, ce dernier d'une part, et *Hugues III* de l'autre, approuvent un accord conclu entre le Chapitre de Paris et leur aïeul Pierre II (*pactionem cum Petro avo meo*). Hugues III prit pour pleiges *Hugues II*, son oncle paternel, Guillaume Mauvoisin son oncle maternel, Simon, Nivard et Hugues de Poissy, et Robert de Triel (130).

<hr>

(128) B. N. Mss. lat. 11056, fol. 35.
(129) B. N. Mss. lat. 11056, fol. 34.
(130) Guérard, *Cart. de N. D. de Paris*, II, 355.

Hugues III fut chevalier de *Condoi*; son fils *Guillaume*, clerc en 1233, archidiacre en 1236, fut l'un des bienfaiteurs du prieuré de l'Estrée (131).

Pierre IV fut sire de Maule après son père, en 1209.

Roger I fut en juillet 1200, avec trois Mauvoisin, un Blaru et un Richebourg, pleige de Robert d'Ivry, qui s'engage à rendre au roi ses forteresses (132).

Vers la même époque, il vendait à Philippe-Auguste, moyennant 50 livres, une rente de cent sous qu'il avait à Meulan (133).

Il épousa *Idoine*, fille de Galon III de Chaumont, sœur de *Jehanne*, mariée à Gervais, fils de Bouchard Le Veautre (134).

Pierre IV, de l'assentiment de son fils *Roger II*, fit don en 1209 aux frères de Grandmont, occupant le prieuré des Moulineaux, d'une hôtise à Maule, libre de toute coutume (135).

Lorsque Philippe-Auguste fit opérer la recension des fiefs relevant de la Couronne, Roger de Maule y fut compris pour un fief à Grisy, tenu de Jehan de Gisors; la mention relative à Pierre prouve que pour une grande partie de son patrimoine, ce châtelain ne relevait de personne :

« Dominus Petrus de Maulia tenet hoc quod habet apud Mauliam *in dominio*, exceptâ domo suâ de Maulia quam tenet de Rege. Tenet etiam de Rege omnia feoda que tenent de ipso in Castellania de *Maule*, exceptis quinque feodis et dominio suo de Maule. Inde debet exercitum et equitatum (l'ost et la chevauchée) ad suum custum » (136).

Pierre de Maule figure, dans la pancarte de Montfort, comme tenant du comte des fiefs à Villepreux, Rocquencourt, Noisy-le-Roi et Crespières (137).

(131) Omnibus p. l. i. Guillermus de Maulia archidiaconus *Laad* [*inensi*]s s. in Dno... Confirmavi monasterio de *Strata*... ut possideant in perpetuum omnes terras et vineas, prata et ortos, que possident in feodo meo de *Alneto*.

Actum anno gracie Mᵒ CCᵒ XXXᵒ quarto, mense januarii.

(Arch. de l'Eure, Orig. H 322, cote 19. Cartul. H 319, fol. 30).

Le nécrologe de N.-D. de Chartres distingue « Guillelmus de Manlia archidiaconus *Landonie in Scotia* », mort le 10 juin, de « Guillelmus de Manlia canonicus *Carnotensis*, » décédé le 5 juin. Ce dernier, fils de Pierre V, fut arbitre en 1252 (De l'Epinois, *Cartul. de N.-D. de Chartres*, t. II, p. 167; t. III, p. 12, 126).

Simon, abbé de St-Chéron, et Aubri, l'un des prévôts du Chapitre de Chartres, exécuteurs du testament de feu Guillaume de Maule, chan. de Chartres, vendent des maisons près de l'aumônerie de St-Jean-en-Vallée, en 1272 (B. N., Mss. lat. 5481, fol. 29. — Cf. *Cartul. des Vaux-de-Cernay*, I, 792, qui donnerait la date 1282).

(132) Teulet, *Layettes du Trésor des Chartes*, I, 221.

(133) L. Delisle, *Catal. des Actes de Philippe-Auguste*, nᵒˢ 632 à 646.

(134) A. N. LL 1541, fol. 18.

(135) En présence d'Hubert V de Rosay, de Pierre de Mareuil-sur-Mauldre, de Pierre de Bazemont, et autres (Moutié, *Recueil de chartes concernant le Prieuré de Moulineaux*, p. 9).

(136) Reg. des fiefs de Phil.-Auguste, ap. Mém. de la Soc. des Antiq. de Normandie, t. XV, p. 178, 183.

(137) Maquet, *Les Seigneurs de Noisy*, ap. Mém. de la Soc. hist. de Rambouillet, t. I, p. 141.

Dans un recensement des fiefs du comté de Montfort, fait à une époque postérieure, les indications précédentes se trouvent modifiées :

Pierre de Maule était l'un des juges de la Cour du Roi en 1223 quand la succession du comte Jehan de Beaumont fut réglée : « ... Ursione cambellano, Petro barone et pluribus aliis » (138). Ce titre de baron est celui que Guérin I, cinquième aïeul de Pierre IV, prenait sous le règne de Robert le Pieux (139).

Au mois de mai de l'année suivante, Pierre, sire de Maule, chevalier, approuvant la cession aux moines de Joyenval, par Barthélemi de Roye, d'une vigne dans sa censive, scelle d'un sceau rond de 50 millimètres, l'écu portant *une croix, à la bordure chargée de douze besants en orle.*

Pierre IV avait cessé de vivre en 1226. Mathieu IV de Marly, son exécuteur testamentaire, fit savoir aux moines des Vaux-de-Cernay qu'il leur avait légué 40 sous de rente sur le quint de sa terre qui constituait la dot de sa veuve *Aveline* (140).

Il est probable que *Roger II* mourut avant son père, car la terre de Maule passa à *Barthélemi*, neveu de Pierre IV et probablement fils de Roger I.

Marie, femme de Barthélemi, est nommée dans un titre de Joyenval en 1238, où tous deux aliènent leur maison de Maule : « domum suam sitam ante castelum domini Petri de Maulia militis ».

Il s'agit ici de Pierre V qui, dès 1233, approuvait un don fait à St-Germain-des-Prés, par son vassal Hugues Bovenel, de 10 sous de rente sur son cens de Maule (141).

En février 1240, Pierre de Maule, chevalier, *Jehanne* sa femme et leur fils Guillaume, chanoine de Chartres (131), quittent à l'abbaye de St-Benoît-sur-Loire le droit de fief qu'ils avaient sur 22 arpents de terre, sis à Manivillier, vendus à ce monastère par Gilon de Montoire, dit Tempête, écuyer, cousin de Pierre, et Clémence sa femme (142).

Barthélemi et *Pierre V* de Maule sont du nombre des chevaliers qu'en 1242, saint Louis faisait *semondre* pour une future entrée en campagne. Pierre, en 1247, fut pleige pour Bouchard VII de Marly.

« Guillelmus de Peruchia tenet de Dno comite (Montis fortis) quidquid habet apud *Mauliam, Chambooil* (Chamborci), in valle de *Cambaio* (Gambais) — et unum stallum carnificis apud *Houdencum*, et consuetudinem foreste, et domum suam et gardam terre sue, et est homo ligius.

Dominus Petrus de Maulia tenet a Dno comite domum suam de Maulia, et debet XV dies custodie ».

(A. N. K 191, n° 242).

(138) Douët d'Arcq, *Rech. hist. sur les comtes de Beaumont-sur-Oise*, p. 103.

(139) Levrier, *Coll. du Vexin*, VIII, 67.

(140) *Cartul. des Vaux-de-Cernay*, t. I, p. 260.

(141) A. N. L 780.

(142) Cartul. de St-Benoît-sur-Loire, fol. 47. D. Villevielle, *Trésor généalogique*, t. LVII. Mss. fr. 31940, fol. 80.

Les archives de Maule relatent une confirmation par Pierre V, sa femme et leur fils Guillaume, des donations de leurs ancêtres au prieuré, en avril 1234, et un testament de ce seigneur, donnant aux moines la dime de ses terres entre Mareil et Crespières, en 1237.

Gui de Maule, écuyer, fut en 1253 choisi comme arbitre, avec Hervé de Chevreuse et le doyen de Saint-Martin de Tours, dans un différend entre l'abbé des-Vaux-de-Cernay et Robert de Poissy (143).

Un *Guillaume* de Maule dit *l'Anglais*, était marié à Marie en 1255 ; un autre *Guillaume* de Maule, écuyer, l'était à Sédile (de Thourotte) en 1270 (144). Sa veuve délégua Pierre de Meré pour faire, en 1272, un service féodal dû par le fief de Maule (145). Elle se remaria à Anseau de l'Isle, chevalier, sire de Balincourt. Ils firent ensemble une donation aux Templiers, « *regardans au cuer*, disent-ils, *les bontez et les courtoisies* que les trésoriers et les freres du Temple nous ont festes par moult de fois » (146).

Les archives de la maison de Maule, dont Mme la Marquise de Maule a bien voulu nous communiquer des extraits, donnent la série suivante des possesseurs de ce fief à partir de *Barthélemi* qui se fit moine à Joyenval.

Guillaume I, fils de Barthélemi, frère de Jehan qui s'expatria.

Jehan, fils de Guillaume, confirme en 1249 les donations de ses prédécesseurs aux moines de St-Evroult et leur laisse, par son testament de 1268, six setiers de blé à prendre au moulin d'Hagnon.

Guillaume II, seigneur en 1268, à l'occasion d'une contestation survenue entre le prieur de Maule et le curé de Notre-Dame relativement aux dîmes des novales, confirme le prieur dans les droits que lui conférait le testament de Pierre II.

Henri succède à son père, victime de la peste qui ravagea la France en 1280. Il bâtit l'Hermitage en 1285, et confirme, par son testament de juin 1304, les donations faites au prieuré.

Pierre VI, par une transaction de 1306, concède aux moines le droit de faire construire, près de la ferme de Beaurepaire, un moulin à vent.

Guillaume III fait le 3 novembre 1324 un accord avec les moines qui, se réservant la basse-justice, abandonnent au seigneur, moyennant dix livres tournois, le droit de haute et moyenne justice que leur conférait le testament de Pierre II.

Pierre VII, défendant Maule contre les troupes du roi de Navarre, est tué le 7 décembre 1357.

(143) *Cartul. des Vaux-de-Cernay*, t. I, p. 491.

(144) Nos GUILLELMUS DE MAULLE armiger et domicella SEDILIA ejus uxor, cupientes animabus nostris salubriter providere, attendentes devocioni et curialitatibus non modicis quas fratres Domus *Sti Maturini Paris.* nobis fideliter impenderunt, consentimus quod omnes possessiones apud *Fontanetum* prope *Luparas*... quas possident de feodo meo... tenerent in manu mortua... Anno Dni 1270, mense mayo. (A. N. LL 1544, fol. 51).

(145) Cf. pour cette étude : Aug. Longnon, *La Famille de Paris*, dans le *Bulletin de la Société de l'Histoire de Paris et de l'Ile-de-France*, sept. octob. 1879 ; Orderic Vital, éd. Le Prévost, II, 447, et *passim*. — A. Dutilleux, *Cartul. de Joyenval*, dans les *Mémoires de la Soc. Hist. du Vexin*, t. XIII.

(146) Décembre 1281. A. N. S 4993. Douët d'Arcq (*Coll. de sceaux*, n° 2687), décrit son sceau apposé à un acte d'Anseau et d'elle en 1275 (A. N. S 4182, n° 70). On y voit une dame debout, en robe et manteau court, un oiseau au poing. — Sédile mourut le 15 juillet 1282 (Le P. Anselme, VIII, 788).

La baronnie de Maule passa depuis dans les familles de Garencières et de Morainvilliers (147). Mais des branches nombreuses, en dehors du rameau anglais, se retrouvent en Picardie où leurs membres continuent à porter l'épée, et à Paris où ils entrent dans la robe sous le règne de Charles VI (148).

Parmi les documents rassemblés par Combault d'Auteuil se trouvait une notice généalogique sur les barons de Maule, que dom Caffiaux a eue sous les yeux. Elle paraît avoir été rédigée avec une grande précision; malheureusement nous n'avons pu la retrouver (149).

II. Branche de ROBERT DE PARIS.

Robert de Paris, sur lequel le comte Riant et M. Auguste Longnon ont appelé l'attention des érudits de l'Ile-de-France (150), fut un vaillant Croisé qui périt à la bataille de Dorylée.

Il était fils d'*Etienne*, prévôt de Paris, qui souscrivit en 1069 au diplôme de sauvegarde accordé à Saint-Martin de Pontoise.

Une pittoresque notice du Cartulaire de Saint-Martin des Champs nous montre Robert fixant, en étendant les bras, la largeur d'un chemin d'accès concédé aux moines par un vassal de Nantier de Montjay :

(147) Des hommages furent rendus pour la terre de Maule sur Mauldre, par le sieur de Garencières, chevalier, le 16 mai 1402; par Simon de Morainvillier pour raison des hostels, terres et seigneuries qu'il tient du chef de Regnaulde de Maule sa femme, assis à Meule, Montainville et Herbeville, le 20 juillet 1404 (Vc de Colbert, n° 239, fol. 4 et 5) ; pour les mêmes terres, par Louis de Morainvillé, escuyer, le 9 septembre 1450 (Ibid. fol. 13).

(148) Dom Villevielle (Mss. fr. 31940, fol. 80), cite un *Carbonel de Maule*, écuyer dans la prévôté de Péronne en 1334; — noble homme Messire *Girard de Maule*, chevalier, sieur de Pressoy et *Jehanne* sa femme, fille de feu Jehan de Regny, écuyer (d'après le cartulaire de St-Quentin-en-l'Ile, p. 35); — noble homme Monseigneur *Raoul de Maule*, sieur de Liermont, chambellan du duc d'Orléans en 1404, et vassal de Corbie en 1411.

Parmi les testaments enregistrés au Parlement de Paris, on cite à la date du 20 septembre 1410: « Testamentum magistri ROBERTI DE MAULE, Regis Franciæ consiliarii in suâ curiâ Parlamenti, filii defuncti domini PETRI DE MAULE, et domicellæ JOANNÆ DE BEAUVÈS, ejus uxoris. Executoris suos instituit JOANNAM filiam suam uxorem JOANNIS DE BOISGUILLOUT et alios. » (Coll. Baluze, t. LI, fol. 45).

(149) Voici un extrait que dom Caffiaux nous a conservé :

« Jeanne de Blainville fut mariée à BERTHAULT DE MAULE fils de PIERRE DE MAULE qui avoit épousé en 1355 Juliette des Esrots. Elle mourut le 5 avril 1416, comme il appert par sa tombe qui est en l'église de Marcil sous Maule, où elle est qualifiée dame de Goumarchez (sic) et du Mesnil : aux quatre coins sont ses armes mi-parties ; au 1. une bordure chargée de besants ou tourteaux ; au 2. un chevron dont la pointe donne au milieu du côté droit. (Mémoire généalogique sur les Maule, aux archives d'Auteuil, liasse Bournonville, n° 38) ». — On reconnaît les armoiries des Maule dans celles décrites en premier lieu.

(150) Cartulaire, note 133.

« Paganus Hericio a fonte baptismatis nomen Hudo, dedit ecclesie Sti Martini de Campis duas areas in aqua que vocatur *Matrona*, ad construendos duos molendinos, et xl perticas superius et xl inferius, et dimidium arpennum prati juxta molendinos, et viam per terram suam quantum mensurare potuit extensione brachii Rotbertus filius Stephani prepositi Parisiensis, usque ad viam regalem.

Fuit autem quoddam propter occasionem calumpnie additum, quod erat sive divitibus sive pauperibus qui ad molendinos irent necessarium, videlicet ut si quis ducens equum vel asinum eundo vel redeundo, equus vel asinus collum huc illuc extenderet ut herbam (151) sive messem morderet, non propter hoc occasionem damno caperet, nisi in prato aut in messe pascentem inveniret.

Recepit vero societatem seniorum (152), simulque habuit inde xi libras denariorum pruvinensium ; ac unoquoque anno recepturus est de censu xii denarios qui in festivitate Sti Remigii solvendi sunt ministro suo apud villam qui vocatur *Nulliacus...* Concedentibus ipsius Pagani sororibus, Helvide uxore Henrici de Hivri et Solia uxore Ivonis de Bri, et viris eorum, et Drogone filio Ivonis. Hoc etiam concesserunt domini de quorum fedo hoc tenebat Paganus Hericio, videlicet Nanterus de Montegaio et Ivo Strabo de Crispeio.

Testes Ursus. Haimericus de Nuilli. Ansoldus de Gornaio. Ingenulfus de eodem castro. Adam de Campis. Rotbertus filius Stephani. Hungerius. Ansellus de Garlanda. Paganus filius Rohe, nomine baptismatis Adam. Ansoldus homo Joscelini Archidiaconi (153). Walterius major de Nuisiaco, Bertrannus filius ejus. Ebrardus decanus. Hatto de Nuisiaco. Godefredus. Rainaldus filius Dodonis, et Galcherus de Nuisiaco. Ponciolus custos equorum. Hubertus carpentarius. Walterius major, Warinus frater ejus, Joscelinus, Theodericus (154). »

Robert serait-il le frère d'*Hellouin de Paris*, qui fut fait prisonnier avec Hugues de Clermont et Gui de Senlis au siège de Chambly en 1106? Le Cartulaire de Saint-Germain-des-Prés relate une concession de terrains au delà du Grand-Pont de Paris, moyennant un faible cens, à un chevalier du nom de Flohier. On trouve parmi les témoins de Flohier: « Stephanus cognatus ejus : Herluinus et Robertus nepotes ejus » (155).

Une donation faite à Saint-Martin des Champs en 1096 par Gautier, vicomte de Meulan, et relative à l'église de Montmartre, a pour témoins : « Robertus filius Stephani, Henricus filius ejus, Walo frater ejus » (156).

(151) Le texte, corrompu dans ce passage, est facile à rétablir. Il porte : « vel illuc extendo ut fit herbam morderet, propter hoc occasionando caperet ».

(152) La Communauté des profés.

(153) Josselin fut archidiacre de 1067 (Guérard, *N. D. de Paris*, IV, 110) à 1096 (Arch. de Seine-et-Oise, Prieuré de Conflans). Il fut remplacé en 1097 (Guérard, I, 307).

(154) B. N. Mss. lat. 10977, fol. 23.

(155) Mss. lat. 10977, fol. 32.

(156) A. N. LL 1399, fol. 2. — Ed. de Barthélemy, *Recueil de chartes de l'abbaye de Montmartre.* — Un *Galon de Maule* est cité par Orderic Vital comme un des vassaux de Pierre I Le Riche.

La cession de l'église de Noisiel à la même abbaye, à une date très voisine, par Gilbert de Garlande, eut pour témoins : « ROTBERTUS filius STEPHANI, PAGANUS frater ejus : JOHANNES nepos Rotberti filii Stephani » (157).

Notre Cartulaire fait connaître un autre fils de Robert : GAUTIER, témoin d'un acte de Dreux de Chaumont (Nº XXIII). Le Nécrologe de Senlis mentionne au 7 décembre l'obit de ROBERT DE PARIS, père du chanoine RENIER (158). Mais la plupart des anniversaires ayant été inscrits après l'avènement de Louis le Gros, il s'agit sans doute d'un homonyme qu'on rencontre à la Cour épiscopale de Paris en 1175 parmi les témoins d'une charte de Maurice de Sully : « Laici... HERLUINUS DE SANCTO MEDERICO, ROBERTUS DE PARIS » (159).

III. BRANCHE DE GARNIER DE SENLIS

Garnier, châtelain de Pontoise après la reprise du Vexin par Philippe Ier, appartenait, croyons-nous, à la famille de *Senlis*, et celle-ci, comme nous allons le voir, n'est autre qu'une branche des *Le Riche*.

Dans une bulle confirmative de Calixte II pour Saint-Martin des Champs (160) se trouve le passage suivant:

« Apud *Pontisaram castrum*, de dono regio, et RADULFI DELICATI et GUARNERII SILVANECTENSIS, hospites, et terras ». Cette indication nous semble viser le *Garnier de Pontoise* constamment associé, dans les textes, à Amauri Deliés et à son fils Raoul.

Garnier de Senlis est nommé parmi les chevaliers de Simon, comte de Mantes, en 1072 (161). Un vassal de Raoul Deliés, Lambert neveu d'Humbaud, donne dix hôtes à Saint-Martin des Champs pour le salut de son seigneur *Garnier de Senlis*, du consentement de Louis, fils du roi Philippe (162).

Le nécrologe de Senlis, qui date du milieu du XIIIᵉ siècle, rappelle des

---

(157) Mss. lat. 10977, fol. 39.

(158) « VII Id. Dec. ob. ROBERTUS DE PARIS pro cujus anima RENERUS filius ejus, istius ecclesie canonicus, dedit nobis VIII den. censuales in vico Belon ». (Mss. lat. 9975).

(159) Tardif, *Cartons des Rois*, nº 666.

(160) Du 27 novembre 1119. — De Lasteyrie, *Cartulaire de Paris*, I, 206.

Rien de plus fréquent à cette époque que les changements dans les surnoms géographiques chez un même personnage. Ainsi, *Garnier de Paris* s'est appelé *Garnier de Braine* et *Garnier de Dreux* (Cf. Aug. Longnon, *Bull. de la Sec. de l'Hist. de Paris*, 1899, p. 140).

(161) Levrier, t. XVII, preuve 196.

(162) Duchesne, *Preuves de l'Hist. de Montmorency*, p. 33.

fondations de deux chevaliers du nom de *Garnier* et du chanoine *Garnier de Pontoise* (163).

Garnier de Senlis appartenait incontestablement à la famille *Le Riche*. Sa filiation est connue par un texte relaté par le *Monasticon Anglicanum* (t. I, p. 679) :

« Anno 1066 venit Willelmus Bastardus cum strenuissimâ militiâ in Angliam ; ... venerunt cum illo duo fratres strenuissimi milites, videlicet Garnerius dictus Le Riche et Simon de Seenlys, filii Raundoel le Riche. Mortuo prædicto Raundoel, Garnerius primogenitus reversus est in Franciam et obtinuit hæreditatem patris. Symon autem in Angliâ remansit ».

A ce *Simon de Senlis*, frère de *Garnier*, Guillaume-le-Conquérant fit épouser *Maud*, l'aînée des trois filles de Waldef, comte de Huntington, et de Judith, fille de la comtesse d'Aumale, sœur utérine de Guillaume (164).

Simon, héritier des comtés de Huntington et de Northampton, fonda le monastère de Huntington et prit part à la première Croisade. Après sa mort, Maud, devenue veuve, se remaria à David, frère du roi d'Écosse, auquel Guillaume-le-Roux confia la garde des deux comtés.

Simon II, fils de *Simon de Senlis*, fonda le monastère des religieuses de la Pré, au comté de Northampton. Il épousa Isabelle, fille de Robert comte de Leicester, frère de Galeran II comte de Meulan. Il trépassa en août 1153, laissant un fils, Simon III, qui mourut en 1184, sans hoirs de sa femme Alice, fille de Gilbert de Gand (165).

IV. Famille des BOUTEILLERS DE SENLIS

Le Cartulaire de Saint-Bertin, publié par Guérard, se termine par un texte incomplet. Le dernier feuillet du précieux manuscrit en fut arraché, et, par une vicissitude curieuse que l'éditeur a ignorée, il tomba sous les yeux de Duchesne, qui y découvrit la pièce la plus ancienne connue, concernant les chevaliers de

(163) « II Kal. Febr. Ob. Garnerius miles qui dedit nobis decimam molendinorum de *Ponte Hermeri*.

« v Kal. Mart. Ob. Warnerus miles qui altare dedit huic ecclesie, quod est apud *Moleincuriem*, Cui x sol. par. ».

« viii Id. Aug. Ob. magister Garnerus de Pontisara canonicus noster, de cujus beneficio habemus xvi sol. super terram de *Grandiprato* ».

(B. N. Mss. lat. 9975).

(164) *Alice*, sœur de Garnier et de Simon, épousa le chevalier Raoul de Tosny.

(165) Cf. Guillaume de Jumièges, l. viii, cap. 37 ; — Notes de M. L. Delisle sur Robert de Torigny, I, 274 et 300 ; — Note de Le Prévost sur Orderic Vital, III, 402 ; — Note de Fr. Michel sur les Chron. anglo-normandes, II, 126.

Le P. Anselme (t. VI, p. 268) a fait de Simon I de Huntington un fils de *Landri de Senlis*, le confondant avec Simon I de Neaufle. Le nom de *Raundoel* (aujourd'hui *Randolph*) est une forme anglaise de *Raoul* (*Radulfus*). Il est possible que le père de Simon et de Garnier ait été *Raoul II de Senlis*, fils de Gui I.

Senlis. C'est une notice relative à un domaine d'Ombrevoisin (*Humbertvoisin*), situé dans le Beauvaisis. Au temps des rois Hugues et Robert, le prévôt de Saint-Bertin avait, sans l'aveu de l'abbé, acensé cette terre à un vassal du chevalier *Raoul* ou *Rohou* (*Rotholdus*) *de Senlis*. Celui-ci s'en saisit à la mort du censitaire ; mais étant devenu vieux et demeurant loin de là, il se vit dépouiller de ce domaine par Eudes de Beauvais, qui occupait le mont de Mouchy, et qui prétendait avoir des droits plus directs sur cet héritage.

Rohou n'étant pas en mesure de se défendre, céda ses droits sur Ombrevoisin à Alard de Creil en faveur d'un fils de celui-ci, Ebroin, qu'il avait tenu sur les fonts de baptême. Ebroin réussit à s'emparer du domaine et en jouit, ainsi que ses fils, jusqu'au moment où la famille de Creil fut dépouillée de ses biens et de sa châtellenie par un jugement de la cour du roi Robert, en 1030 (166). Ombrevoisin fut alors concédé par le roi, non pas aux fils de Rohou, *Foulques* et *Gui de Senlis*, mais à un héritier d'Eudes de Mouchy, Nivelon, fils de Renard et frère du sénéchal Raoul de Beauvais (167).

Foulques de Senlis, chevalier (Fulco miles Silvanectensis) fut témoin d'un diplôme de Robert le Pieux donné entre 1025 et 1031 (168).

Duchesne a rattaché, avec assez de vraisemblance, à Foulques de Senlis, *Landri*, mari d'*Ermengarde*, père de *Gui*, chevalier de Senlis, mari de *Berthe* et connu par une notice du Cartulaire de Saint-Martin des Champs (169) comme fieffé à Pantin et à Survilliers.

Landri eut un autre fils appelé *Simon*, qui devint châtelain de Neaufle. Il fut chambellan du roi (35).

Gui I, marié à *Adeliz*, eut un fils, *Raoul II*, mari d'*Ermengarde*, qui, sur la fin de sa vie, donna à Saint-Martin des Champs 14 arpents de terre à Survilliers en présence de Raoul, sénéchal de Gui de la Tour (170).

La généalogie de la maison de Senlis est assurée à partir de *Gautier* qui, en 1076, assistait avec divers châtelains royaux, à l'assemblée tenue à Mantes par Philippe Ier (171).

Gautier semble devoir être identifié avec le bouteiller de ce nom, qui se

---

(166) Guillaume de Creil, qui figure avec son frère Aubert dans un acte de 1030, fut ajourné par ordre de Robert II à un plaid tenu à Senlis en 1030. (Louvet, *Anc. rem. de la noblesse du Beauvoisis*, p. 447). Ce fut donc en 1030, ou au plus tard au commencement de 1031, que sa destitution fut prononcée.

(167) Nivelon, père de Foulques et aïeul de Raoul I de Cressonsacq, est la tige de cette maison.

(168) A. N. LL 1024, fol. 38.

(169) Mss. lat. 10977, fol. 10.

(170) Mss. lat. 10977, fol. 43.

(171) Coll. Moreau, t. XXXI, fol. 163. — C'est lui que cite le Père Anselme (t. VI, p. 251), d'après le faux Hugues de Clères : « Gautier de Senlis, lequel vivoit du tems de Louis le Gros (*sic*), reconnoit tenir du comte d'Anjou à cause de la Sénéchaussée de France, ce qu'il possédoit en la ville de Senlis et hors les murailles. » — Aucun acte connu des Bouteillers de Senlis ne se réfère à cette prétendue mouvance.

trouvait au siège de Soissons en 1057 avec Henri Ier (172), et souscrivit à un diplôme de Philippe Ier donné à Senlis en 1060 (173).

Il eut pour fils *Gui II*, à qui le prévôt de Saint-Frambourg de Senlis, Létaud (plus tard évêque de cette ville), concéda en précaire, pour le cens dérisoire de quatre deniers, la butte de Montépilloy, avec les bruyères et les terres arables qui appartenaient au chapitre (174).

Ce précaire était limité à Gui II et à son premier héritier ; mais, comme la plupart de ces contrats, il fut, bon gré mal gré, prolongé d'une manière indéfinie, avec augmentation de cens toutefois. En 1166, le bouteiller Gui IV, fils de Guillaume Le Loup, reconnaît devoir à Saint-Frambourg quinze sols de cens « propter totam plateam in qua fuit antiqua villa de *Monte Speculatori*, et propter totum nemus quo est circumdata » (175).

Gui, fils de Gautier, fut en 1075 l'un des témoins de la donation faite par un autre Gui (GUIDO WASCELLINI filius), à Notre-Dame de Senlis, pour y fonder une nouvelle prébende (176).

Il se qualifie *chevalier* dans une souscription au diplôme de Philippe Ier amortissant les biens de l'église de Senlis le 15 juin 1068 (177).

C'est aussi le titre que lui donne le nécrologe de Senlis, relatant le don de deux hôtes en cette ville, dans la rue de Paris, que le chevalier Gui fit au chapitre, pour fonder, le 28 mai, l'anniversaire de *Gautier II*, son fils, mort avant lui (178).

Gui II est connu dans divers titres sous le nom de *Gui de la Tour*. Le Cartulaire de Saint-Leu d'Esserent nous le montre accompagnant dans une visite à ce monastère, « le vénérable comte Hugues le Grand ». Il est appelé « WIDO de civitate *Silvanectis*, cognomento DE TURRI ». Pour témoigner à ce nouveau prieuré dépendant de Cluny sa bienveillance et son désir de le voir prospérer, il approuva par avance les dons qui pourraient être faits aux moines de biens compris dans les fiefs de ses vassaux, sous la réserve qu'un fief tout entier ne leur serait pas transmis. Guillaume, fils de Gui, ayant protesté contre cette largesse insuffisamment limitée, le prévôt de Saint-Leu, Foucaud (179), se rendit auprès de Gui, à Senlis, et lui

---

(172) S. WALTERII pincerne regis (Arch. de l'Aisne, H 1508).

(173) S. WALTERII pincerne (A. N. K 20, n° 1).

(174) Copie d'Afforty, t. XIII, fol. 435 de la collection conservée à la Bibl. de Senlis.

(175) Coll. Moreau, t. XXXI, fol. 74. Le chanoine Afforty a parfaitement conclu de la comparaison de ces textes que les Bouteillers de Senlis descendent de *Gui fils de Gautier*, et nom de *Gui fils de Landri*, comme l'avait supposé gratuitement André Duchesne. Le manuscrit de ce dernier, intitulé : *Généalogie des Bouteillers de Senlis* (B. N. Mss. fr. 16798) parut à son auteur trop incomplet pour mériter de voir le jour.

(176) Afforty, t. XIII, p. 429, d'après le Cartulaire de N.-D. de Senlis, fol. 124.

(177) S. WIDONIS filii WALTERII, militis (Afforty, t. XIII, p. 425). — La bouteillerie de France fut occupée de 1071 à 1074 par un titulaire du nom de *Gui* (Le P. Anselme, VIII, 514).

(178) B. N. Mss. lat. 9975.

(179) Il était en fonctions en 1106 (Arc. de l'Oise, H 2436).

rappela sa promesse. Le bon seigneur la renouvela et obligea ses deux fils, *Guillaume* et *Hervé*, qui étaient auprès de lui, à y acquiescer (180).

C'est à Gui de la Tour que s'applique le diplôme de Louis VI, approuvant au sujet du domaine de Rosières, un accord avec les moines de Saint-Mesmin de Micy, conformément à la requête que présente au roi « quidam ex palatio nostro, Guido videlicet *Silvanectensis*, cum Guidone filio suo, assensu etiam Guillelmi filii sui »(181).

En 1106 fut confirmée par l'évêque Hubert (182), à la prière de *Gui de la Tour* son ami (183), la fondation du prieuré de Saint-Nicolas d'Acy, donné par le vidame Robert aux moines clunisiens de Saint-Martin des Champs, de l'aveu de Létaud, prédécesseur d'Hubert (1095-1099). Parmi les témoins : Arnoul, fils d'Heudard, et Eudes de Gonesse, Bourdin de Liancourt, Gauslin (de Lèves).

Gui avait été plus que le bienfaiteur de ce prieuré, car un diplôme de Louis VI confirme les dons faits par ce seigneur à l'église d'Acy « ab eodem Guidone constructa » (184).

Dans une charte, sans date aucune, d'Isembart, frère du chevalier Saveri, en faveur du chapitre de Notre-Dame de Paris, on cite comme témoins : « Guido Silvanectensis de Turre, et Guillelmus filius Guidonis de Turre, Fromundus camerarius » (185).

Gui II est mentionné dans notre Cartulaire, comme suzerain d'Haimon de Montgerain (nº VIII) et comme compagnon du prince royal Louis-le-Gros lors d'un séjour qu'il fit à Pontoise (nº XLIV) que M. Luchaire fixe à 1099-1100. En 1102, il fut fait prisonnier au siège de Chambly où il avait suivi le prince Louis. Le 19 janvier 1104, il figure le premier parmi les témoins de ce prince dans le traité de

---

(180) Arch. de l'Oise, H 2434. — *Cartulaire de S. Leu d'Esserent,* publié par M. le chanoine Müller.

(181) Coll. Baluze, t. XLI, fol. 193. — Bibl. mun. d'Orléans, mss. 394 (2), p. 58. — Ce diplôme est de 1110 (Luchaire, *Louis VI le Gros,* p. 100).

Le Cartulaire de Saint-Martin des Champs contient une notice de 1098, qui débute ainsi : « Ego Warnerius miles, filius Asctonis, instinctu Dei amoris tactus, quamdam terram in territorio *Silvanectensi* quam de Widone de Turri tenebam, ipso annuente, ecclesie Sti Martini de Campis dedi, quod feci annuere in claustro monachorum ecclesiæ *Ste Marie de Pissiaco,* die dominica ante processionem kalend. maii, etiam Eremburgi uxori mee, filieque nostre Marie, fratrique meo Ascioni. Testes Walterus Postels, Albericus Ternels, Nanterius miles, Willelmus Revels, Wigerius miles, Odo danzels, Seguinus miles (Sévin de Poissy)... Rotbertus prepositus *Pissiaci.* » (B. N. Mss. lat. 10977, fol. 11 et 32). — Il s'agit ici d'Ascion ou Aston du Pécq, cité dans le Cartulaire de Saint-Germain en Laye que nous avons publié.

(182) Archives de l'Oise, H 2571.

(183) Ces expressions ne permettent pas de confondre Gui de la Tour avec Gui, frère de l'évêque Hubert, pour le salut éternel duquel, en 1111, ce prélat fit une fondation à Saint-Quentin de Beauvais (*Gallia Chr.,* t. X, *Preuves,* col. 228). — Un *Hubert de Senlis* était chanoine de Paris en 1119 (Guérard, *Cart. de N.-D. de Paris,* I, 264).

(184) Arch. de l'Oise, H 2577.

(185) Guérard, *Cartul. de N.-D. de Paris,* I, 374.

paix fait avec les chanoines de Beauvais. Il assiste comme comme conseiller à des jugements royaux à Compiègne en 1104 et à Senlis en 1106 (186).

Nous ignorons la date précise de sa mort. Son obit se célébrait le 8 mars dans l'église de Senlis (187).

La femme de Gui de la Tour s'appelait *Aélis*. Son fils, le bouteiller Gui III, pour fonder son anniversaire, fixé au 8 octobre, donna au chapitre de Senlis une petite dîme à Montépilloy (188).

Gui II eut au moins trois enfants : *Gui III* qui fut grand-bouteiller de France, *Guillaume* et *Hervé* nommés plus haut.

Hervé de Senlis (*Herveus de Silvanecto*) fut chevalier ; il assista vers 1142 à un acte de son neveu Étienne, évêque de Paris, confirmant une donation de Hugues fils de Garnier (le Riche), sa femme Havoise et leurs deux fils Anseau et Ferri, d'un muid de froment au couvent d'Yerres, sur leur moulin de Brunoy (189).

Gui III est indiqué, dans les diplômes du début du règne de Louis VI, sous cette appellation : « S. GUIDONIS filii GUIDONIS DE TURRE, tunc temporis buticularii nostri » (189). Il fut nommé dès 1108, après Payen d'Orléans qui exerçait ses fonctions à l'avènement du jeune roi (106).

Dans son *Histoire des Institutions monarchiques de la France sous les premiers Capétiens* (t. II, p. 300), M. Luchaire a retracé le rôle que Gui III et ses descendants tinrent à la Cour de Louis-le-Gros et de Louis-le-Jeune :

« Gui de Senlis appartint à l'entourage intime du jeune Louis, et son influence domina dans le Conseil royal pendant les dernières années du règne de Philippe Iᵉʳ. A peine Louis le Gros fut-il en possession de la couronne, qu'il donna la bouteillerie à Gui en récompense de ses services. Il est vrai que, quatre ans après, la puissante maison de Garlande, déjà maîtresse de la chancellerie et du dapiférat, exigeait la charge de bouteiller pour un de ses membres, Gilbert. Mais les menées ambitieuses d'Etienne de Garlande ayant entraîné sa chute en 1127, Gilbert fut enveloppé dans la disgrâce de son frère, et la maison de Senlis remit la main sur la bouteillerie pour ne plus s'en dessaisir. Après *Louis* de Senlis, *Guillaume* dit *le Loup*, son frère et son successeur au palais, garda pendant quinze ans la confiance de Louis le Gros et de Louis le Jeune, qui le déléguèrent comme représentant la royauté dans plusieurs circonstances importantes.

« Lorsqu'il mourut pendant la seconde croisade, où il avait accompagné son souverain, celui-ci lui laissa léguer la bouteillerie à son fils *Gui* (*IV*). A son

(186) Luchaire, *Louis VI le Gros*, nᵒˢ 9, 12, 28, 33, 39, 40, 62, 100, 175, 287, 310, 346, 372 ; et p. 304. Gui fut fait prisonnier avec Hellouin de Paris au siège de Chambly (Suger, éd. Molinier, p. 12).

(187) « Ob. GUIDO DE TURRE, de cujus eleemosina annuatim habemus septem modios frumenti et vini decem, et L sol. par. ad refectorium fratrum in Quadragesima » (B. N. mss. lat. 9975).

(188) A. N. LL 1599 B, fol. 38 : « HERVEUS DE SILVANECTIS, Hungerus, Petrus Girboudus milites ».

(189) Actes de 1108 (Guérard, *Cartul. de N.-D. de Paris*, t. I, p. 247) ; — de 1109 (Baluzii, *Miscellanea*, t. II, p. 187) ; etc. D'après le P. Anselme, Gui III serait mort sans postérité en 1112 (VIII, 515).

tour, Gui fut un des membres les plus influents du palais. Il accompagna Louis VII dans ses voyages, notamment en Aquitaine en 1152 et à Saint-Jacques de Compostelle en 1155. Il fut presque toujours au nombre des conseillers intimes que le roi investit de missions de confiance. On le vit jurer, au nom de Louis VII, la commune de Compiègne et présider la cour royale... Le crédit dont il jouissait au palais était tel que le roi d'Angleterre Henri II fit tous les efforts pour le gagner à ses intérêts dans sa longue lutte avec Thomas Becket, réfugié en France (190).

« Evidemment Gui de Senlis n'était point un grand-officier d'une espèce ordinaire. A la dignité officielle dont il était revêtu, il ajoutait la fonction beaucoup plus importante de conseiller et d'agent de confiance de la royauté. Cette situation particulière, qui fut aussi celle de ses prédécesseurs, explique la faveur toute spéciale dont a bénéficié la maison de Senlis en restant maîtresse, pendant tout un siècle, d'une des hautes charges de la couronne. Elle n'eut jamais le degré de puissance et d'indépendance féodales nécessaire pour porter ombrage au Gouvernement ».

Il faut ajouter aux enfants de Gui III énumérés plus haut : *Etienne*, qui devint évêque de Paris en 1123, et mourut le 6 mai 1142. (Cartulaire, note 322).

Louis de Senlis, indiqué par M. Luchaire comme fils de Gui III et frère de Guillaume Le Loup, eut deux autres frères, *Adam*, bouteiller du roi en 1107-1108, du vivant de Philippe Ier, et *Pierre*, bouteiller en 1109-1110, qui exerçait encore ses fonctions en 1120 (191). Louis défendit Pont-Audemer contre Henri Ier d'Angleterre en 1124 (192). Il fut pourvu en 1127 de la Bouteillerie de France, et la conserva jusqu'aux derniers mois de 1132 (186).

(190) Voir une lettre du moine Jean de Salisbury à Saint Thomas, en 1165 (*Histor. de France*, XVI, 509).

(191) Le P. Anselme, VIII, 515.

(192) S. Petri pincerne (Afforty, t. XIII, p. 627, d'après le chartrier de Saint-Vincent de Senlis). Voici une série de documents concernant ces officiers de la Cour :

I. — Adam pincerna Regis dedit ecclesie Bti Martini de Campis pro redemptione anime sue xii arpennos terre apud *Sordidam villam*, et hoc donum concessit Petrus frater ejus, et pro concessione habuit xxx sol. denariorum... Testes sunt Wido de Turre. Hermerus de Victello. Warnerius Rotundellus. Berneredus de Plalli. Petrus filius Odonis de Gonissa. Riboldus major. Giroldus filius Haimeri (Géroud, fils d'Hermer de Pontoise). Hoc donum factum est regnante Philippo regi Francorum, ultimo anno regni ejus (1107-1108). — (Mss. lat. 10977, fol. 7). — L'obit d'Adam est inscrit au 1er janvier dans le nécrologe de Senlis : « Obiit Adam pincerna Regis qui dedit nobis ii arpenta terre solventes ii solidos. Cui Christus sit propitius. » (Mss. lat. 9975).

II. — Petrus pincerna Regis dedit ecclesie *Sti Martini de Campis* culturan de *Ulmo Letbranni* apud *Sordidamvillam*, habuitque inde quatuor libras denariorum. Hoc donum concessit Ludovicus frater ejusdem Petri. Hujus donationis testes fuerunt : Rotgerus filius Thome ; Rainerius filius ejus. Gislerannus de Sordidavilla... Hoc donum factum est anno ii°. Ludovici regis, filii Philippi regis Francie (1109-1110). — (Mss. lat. 10977, fol. 6).

De concert avec Gui de la Tour, Pierre l'Echanson renonça en 1120, comme l'avaient fait Guillaume de Garlande et sa femme Hélissende, à son droit de prise sur la dépouille des évêques de Senlis (193).

Pierre eut deux fils : *Jehan l'Echanson*, chevalier de Senlis, l'un des bienfaiteurs de Chaalis (194), et *Gui*, nommé avec son frère vers 1157 comme représentant une des cinq familles exerçant à Senlis des droits seigneuriaux (195).

Jehan, marié à *Hélissende*, approuva en 1162 avec *Pierre II*, son fils, une libéralité du chambrier Aubri de Dammartin (196).

Il avait aussi des filles et restitua, de leur assentiment, des dîmes à Villeron dont il s'était emparé (197).

Nous inclinons à croire que c'est de cette branche des Senlis que descendent les *Hideus de Chambly*, dont le plus ancien, *Pierre*, mari de *Gille*, eut pour fils *Herbert* chanoine, puis official de Senlis. L'alliance entre les deux familles paraît certaine ; les grandes charges de cour occupées par les Chambly durant tout le XIIIᵉ siècle ne permettent pas de les supposer étrangers à la maison dans laquelle l'échansonnerie était héréditaire depuis Louis VI. Les prénoms des Chambly sont presque exclusivement ceux de *Pierre, Jehan, Louis, Guillaume, Adam, Gui, Gautier, Raoul* ; il n'en est aucun qui ne se retrouve dans l'arbre généalogique de l'échanson Pierre II de Senlis.

Guillaume de Senlis, surnommé *le Loup*, possédait à Montmartre des droits de voirie ; il abandonna la jouissance de ces droits sur l'enceinte de l'abbaye de Saint-Pierre, en échange d'un étal de boucher à Paris, que lui concéda Louis VI en 1134 (198).

III. — En 1134, Louis VI et Louis VII concèdent à l'abbaye d'Yerres la terre de Merbois : « terram de *Amarobosco* quam LUDOVICUS buticularius et ADAM nepos ejus et GODEFRIDUS SILVESTRIS tenebant, Deo et Bte Marie et sanctimonialibus *Hedere* liberam... concedimus. » (A. N. LL 1599 B, fol. 5).

(193) Luchaire, *Louis VI le Gros*, n° 287.

(194) JOHANNES scancio, miles DE SILVANECTO, dedit Karoliloco totam decimam quam habebat in terris ecclesie, in territorio *Vallis Laurentii* et *Vilerun* (Lettres d'Amauri, év. de Senlis. Mss. lat. 11003, fol. 32).

(195) Une charte de l'évêque Amauri en faveur de la léproserie de Senlis énumère les chefs de ces cinq familles : « GUIDO buticularius (*Gui IV*). — RAINOLDUS coquus. — JOHANNES scantio, (cum) fratre suo GUIDONE. — AGNES DE LIVRIACO. — THEOBALDUS DE GONISSA. » (Coll. Dom Grenier, t. V, fol. 105).

(196) Mss. lat. 17045, fol. 33.

(197) « T... Parisiensis episcopus... N. f. q. JOHANNES pincerna Regis assensu uxoris sue et PETRI filii et sui ac filiarum suarum, quicquid habuit in majori et in minori decima de *Vilerun* quas injuste usurpaverat, in manu mea reddidit et XXXII lib. de caritate ecclesie Sti Nicolai habuit... Ecclesie S. N. concessi, assensu GUERMUNDI archidiaconi. »

(Cartul. S. Nicolai de Aciaco, p. 3, cité par Afforty, t. XIV, p. 117).

(198) Ed. de Barthélemy, *Recueil de chartes de l'abbaye de Montmartre*.

Ce fut un des grands bienfaiteurs de l'abbaye d'Yerres, construite sur ses domaines et qu'il dota richement en 1138 (199).

En 1143, il rendit à son frère l'évêque Étienne de Paris, pour que celui-ci les réunît au patrimoine des religieuses d'Yerres, les deux tiers de la dîme de Drancy, du consentement d'*Adeline* sa femme, et de ses deux fils *Gui IV* et *Hugues le Loup* (200).

Un troisième fils de Guillaume fut *Etienne*, doyen de Senlis (201).

A ces trois enfants il faut ajouter deux filles : *Marguerite*, qui épousa Renaud de Bulles, comte de Dammartin ; *Clémence*, élue abbesse d'Yerres à dix-neuf ans vers 1157, morte après vingt-six ans de gouvernement, le 1er mai, vers 1183. (Cf. *Gallia christiana*, t. VII, col. 610. — Le chiffre total des années de prélature attribuées aux abbesses est supérieur au laps de temps écoulé depuis la fondation de l'abbaye).

Vers la fin de 1145, Guillaume, bouteiller du Roi, consentit ainsi que Hugues de Clichy à ce que Baudoin de Gonesse et son frère Dedon cédassent à l'Église ce qu'ils avaient à Sevran (202).

Guillaume Le Loup conserva les fonctions de grand bouteiller jusqu'au 9 juin 1147, date du départ de Louis VII pour la Palestine : il transmit sa charge à son fils Gui IV (203) et suivit son souverain en Terre Sainte. Il succomba au cours de la campagne, le 14 janvier 1148, et le chapitre de Senlis, pour solenniser ce deuil, décida que l'anniversaire du Croisé se célébrerait avec une pompe égale à celui des évêques (204).

Hugues le Loup, fils cadet de Guillaume, fut seigneur de Villepinte. Il n'avait pas encore d'héritiers quand, d'accord avec son frère, ils octroyèrent au couvent de Chaalis le libre pacage pour tout son bétail dans les bois de la banlieue de Paris où ils exerçaient tous deux le droit de gruerie (205). Une autre libéralité commune fut faite par les deux frères à l'abbaye de Saint-Denis (206).

---

(199) *Gallia christiana*, t. VII, Preuves, col. 61 ; t. X, Preuves, col. 212.

(200) Mss. lat. 17049, fol. 625.

(201) *Gallia christiana*. — Le P. Anselme rattache aux Bouteillers *Barthélemi de Senlis*, doyen de Paris puis évêque de Châlons en 1137, mort en 1151, et *Pierre de Senlis*, archidiacre de Soissons à la même époque.

(202) Luchaire, *Louis VI le Gros*, n° 150. — (203) Luchaire, *Actes de Louis VII*, p. 48.

(204) XIX Kal. febr. Obiit WILLELMUS BUTICULARIUS, cujus anniversarium debet fieri sicut pro episcopo (B. N. Mss. lat. 9975).

(205) GUIDO buticularius et HUGO LUPUS frater ejus, antequam heredes haberet, concesserunt in elecmosina *Karoliloco* quod omnes bestiæ eorum libere et absolute habeant pascua omni tempore in cunctis nemoribus quæ sunt citra *Parisius*, in quibus grueriam habent » (Mss. lat. 11003, fol. 32).

(206) « Ego WIDO Dni regis buticularius HUGONI LUPO fratri meo prebui, ut quasdam injustas occupationes quas in decimis de *Villa picta*, que de jure et dominio ecclesie Bti Dionysii esse noscuntur. antiquitus facere nos et nostri consueveramus, omnino dimitteret (A. N. K 25, n° 3⁵ ; LL 1157, fol. 464).

Hugues fut caution pour Gui de Saint-Paul, envers le roi, à propos de la cession de Pont Ste Maxence (S 1221). En 1156, il était suzerain de Gautier de Boulogne (*Boolum*). Cf. Ed. de Barthélemy, *Montmartre*, p. 93.

Hugues se fit moine sur ses derniers jours, et donna aux religieuses d'Yerres, en 1171, par affection pour sa sœur Clémence, le cens d'une maison à Montmartin, acensée du consentement de Gui Le Bouteiller (207).

La terre de Villepinte fut dévolue, à la mort de Hugues, à son gendre *Roger la Pie*, un des douze sergents d'armes de Philippe Auguste. Il reçut en don de son oncle Gui IV et de son cousin germain Gui V, le criage d'Étampes, qui fut démembré à son profit du fief de la bouteillerie (208).

Par un acte de 1207, Roger (ROGERIUS PICA dominus *Villapicte*) constate qu'un fief à Garges fait partie de la dot constituée à son fils *Hugues le Loup II*, à l'occasion de son mariage avec la fille de Sire Renaud Musavène (209).

Pour le repos de son âme et de celle d'*Adeline*, sa femme, Roger la Pie légua sept livres parisis sur le port de Conflans au moûtier d'Yerres, dont *Eve* sa sœur était abbesse (210).

Adeline, veuve de Roger, est nommée avec son fils en 1222 (211); en 1233, elle donna à N.-D. d'Yerres deux muids de blé sur sa dîme du Tremblay (209).

Hugues II, marié en 1207 à *Jehanne Musavène*, fille d'un chevalier qui possédait des fiefs importants dans la vallée de Montmorency, approuva en 1220 le legs qu'elle fit de 60 sous de rente dans la censive de Saint-Gratien pour assurer une pitance aux nonnains d'Yerres, le jour de son anniversaire (209).

Hugues le Loup était mort en 1241. « Noble dame *Marie* », sa veuve, au nom de ses héritiers encore mineurs, fit un accord avec Saint-Martin des Champs au sujet des biens dépendant du prieuré d'Acy (212).

De son premier mariage, Hugues laissait une fille, *Eustachie*, dont le mari, Philippe L'Enfant, réclama en 1248 la moitié de la terre de Villepinte « que le chevalier Hugues le Loup avait donnée en dot à Jehanne, sa première femme, mère de la noble dame Eustache » (213).

Pour l'âme de *Marie* et de ses trois enfants, *Gui*, *Guillaume* et *Adeline*, une chapelle fut fondée à Villepinte en 1279. Gui, fils de Hugues II et de Marie, est

(207) « Postmodum HUGO ad religionem transiens, affectu erga sororem suam abbatissam de *Edera*, censum dicte domus monialibus de *Edera* donavit. » (A. N. LL 1599 B, fol. 25).

(208) « GUIDO buticularius noster SILVANECTENSIS et GUIDO filius ejus, fideli servienti nostro ROGERIO PICE criagium suum de *Stampis* dederunt. Quia hoc de feodo nostro est et ad buticulariam pertinet, nos... prefatum donum stabile esse volumus. ... Actum *Parisius*, anno Inc^{ti} Verbi M° C° LXXXII°. » (Arch. Nat. K 26, n° 3). — Par un autre diplôme de 1197, Philippe Auguste approuve une acquisition faite à Roissy par Roger, son féal sergent (LL 1157, fol. 485).

(209) A. N. LL 1157, fol. 426; LL 1146, fol. 340. — La généalogie donnée par le P. Anselme (VI, 267) est en contradiction avec les documents que nous citons et qui nous semblent formels.

(210) A. N. LL 1599 B, fol. 49. — Eve, élue à l'âge de 34 ans, probablement en 1183, tint la crosse 30 ans, et mourut le 13 mars, au plus tard en 1213 (*Gallia christiana*, t. VII, col. 610).

(211) LL 1157, fol. 466.

(212) Arch. de l'Oise, H 2648. — Hugues et Marie approuvèrent une vente de cens par Adam Harenc à St-Magloire en mars 1232. (Mss. lat. 5413, fol. 43).

(213) LL 1157, fol. 488.

mineur en 1241 ; il est différent de *Gui le Loup* (sans doute frère de Hugues), qui dès 1239, portant déjà l'épée de chevalier, donnait à l'abbaye d'Yerres 12 livres de rente « in portu meo de *Conflens* » (209).

Ce Gui le Loup I, vassal de l'église de Paris pour son fief de Conflans, porta l'évêque Renaud III à son intronisation en 1250.

D'après le P. Anselme, *Guillaume*, second fils de Hugues II, fut l'exécuteur du testament de son frère Gui le Loup (II) et d'Adeline sa sœur, mariée au seigneur de Thieux. *Gui le Loup II* était uni, dès 1253, à Isabeau de Pomponne qui, devenue veuve, convola avec Gilles d'Acy. Le même généalogiste attribue à Gui et à Isabeau trois enfants : *Hugues le Loup III, Marguerite*, femme de Renaud de Pomponne et une religieuse d'Yerres qu'il nomme à tort *Adelvie* et qui s'appelait en réalité *Adeline* ou *Aveline*.

Hugues le Loup III fut le dernier seigneur de Villepinte. Par un acte de 1281, « *Guiot le Boutelier de Senliz*, seigneur de *Ermenonville*, escuier », reconnaît que « noble homme *Hue* dit *le Leu* chevalier, jadis seigneur de *Villepaincte* et Madame *Pétronille* dite *la Comtesse* sa femme », ont vendu, pour 4000 livres tournois à l'abbaye de Saint-Denis, toute leur terre et justice de Villepinte « et tout ce qui pouvoit leur venir de suer *Aveline*, nonain de Yerres », de l'assentiment d'*Isabeau de Pomponne*, mère du vendeur (214).

C'est à la lignée de Roger que se rattache *Henri La Pie*, dernier abbé de Saint-Mellon de Pontoise, dans la première moitié du XIII⁰ siècle. Cette famille existait encore à Saint-Denis en 1283 (215).

L'aîné des fils de Guillaume-le-Loup, *Gui IV*, épousa *Marguerite* (dame de Luzarches en partie, fille de Renaud II, comte de Clermont), à une date que permet de fixer un diplôme de Louis VII, donné entre le 1ᵉʳ août 1154 et le 26 mars 1155. Le roi fait présent de la maison de Foucher Sacre à Paris, à son bouteiller, pour lui et les enfants qu'il pourra avoir de sa femme Marguerite (216).

A la même époque, le roi assignait, par confirmation d'un échange entre son frère Robert et Gui de Senlis, une rente de 30 livres à ce dernier sur les revenus du domaine à Senlis et à Montmélian. Deux ans après, Gui jurait au nom du roi l'accord par lequel Galeran III de Meulan assurait à ce prince son fief de Gournay. En 1160, Gui, sa femme et Mathiieu le Bel approuvaient la cession de la grosse dîme d'Athis qui relevait d'eux. Deux ans plus tard, Gui prenait à cens, moyennant une mine d'avoine par arpent, du prieur dionysien d'Argenteuil, le bois Notre-Dame, voisin de la route publique de Senlis. En 1170, le roi donne à son bouteiller un moulin à tan que la Couronne avait à Senlis. Les tanneurs de la

(214) Ib. fol. 480-481. — (215) LL 1157, fol. 157. — (216) Duchesne, Mss. fr. 16978.

ville sont obligés d'y faire briser leur tan, la redevance étant fixée à 12 deniers par muid, sans autre charge fiscale (217).

En 1172, Louis VII confirmait un accord intervenu entre Chaalis et le bouteiller Gui, du consentement de sa femme Marguerite, de ses fils *Gui* et *Guillaume*, au sujet de terres à Ermenonville données par Guillaume père de Gui (218).

Gui et Guillaume étaient alors les seuls enfants de Gui IV en âge de figurer dans les actes. Mais dès 1180, trois autres enfants, *Renaud*, *Nivelon* et *Adeline* sont énumérés avec leurs aînés dans une superbe charte en faveur de Chaalis, dont l'original fait partie de la collection de Dom Grenier (219).

En 1173, lorsque fut instituée la commune de Senlis, un diplôme royal réserva expressément une série de droits au bouteiller (220).

Trois ans après, le roi, en échange de l'abandon par Gui de ses droits d'usage dans le bois de Plailly, lui donna ce même droit dans la forêt de Chagny pour son four de Montmélian et son chauffage, plus un cens annuel de 30 sols (221).

En 1181, le bouteiller Gui IV confirmait les libéralités de *Gui de la Tour*, *son aïeul*, au prieuré de Saint-Nicolas d'Acy, en présence de Thibaut de Gonesse, Pierre de Vietel, Yves de Mortefontaine et Eudes Pot, ses vassaux (222).

C'est à Gui IV que sont attribuées les premières armes connues de sa famille : *écartelé d'or et de gueules* (223).

Marguerite mourut le 29 octobre (probablement en 1186). Son mari renonça, cette même année, pour le repos éternel de la défunte, à ses droits de gruerie sur les bois de Sainte-Geneviève (224) et donna au chapitre de Senlis un muid de froment sur la grange de Brasseuse. Il semble que cette dernière terre ait constitué la dot de Marguerite : elle passa successivement à ses fils *Guillaume le Loup II*, mort sans enfants en 1190, et *Nivelon* (225). — Quant à *Renaud*, troisième fils de Gui IV, il devint évêque de Toul en 1210 et périt assassiné en 1215.

(217) Luchaire, *Actes de Louis VII*, nos 353, 385, 428, 451, 595.

(218) Col. Moreau, t. LXXVII, fol. 132, 138.

(219) Vol. 328. Elle est datée de la 42e année de Louis VII et de l'année 1180. Gui VI s'y intitule « Guido Ludovici illustris regis Francie buticularius », et stipule « assensu uxoris mee Margarite et filiorum meorum Guidonis, Willelmi, Rainaldi, Nivelonis et filie mee Adeline ». Gui cite parmi ses témoins : « Christophorus capellanus noster, Theobaldus de Gonessa armiger, Rainaldus filius ejus ; Odo li Poz, Sanson li Bruns, Radulfus de Belvaco... Stephanus, frater meus, decanus Silvanectensis ; Petrus de Vietel ; Ferricus nepos episcopi (Henrici) ».

(220) Flammermont, *Hist. des instit. munic. de Senlis*, p. 158.

(221) Luchaire, *Actes de Louis VII*, n° 710.

(222) Arch. de l'Oise, H 2577.

(223) Le P. Anselme, VI, 252.

(224) Bibl. Sainte-Geneviève. Cartulaire, p. 182.

(225) *Nivelon* et *Adélis* sa femme (Nevelo frater Buticularii, venerabilisque sponsa mea Aaliz), amortirent à l'abbaye de Montmartre onze arpents de terre à Rouvray, donnés par Pierre de Chavercy (Ed. de Barthélemy,

Gui IV mourut le 10 octobre 1188, et son fils aîné Gui V donna 20 sous sur le travers de la ville au chapitre de Senlis pour fonder son anniversaire. *Elisabeth*, femme de Gui V, et *Guillaume*, frère de ce dernier, y consentirent (226).

A cette époque, les Bouteillers qui devaient suivre la Cour résidaient habituellement à Paris et n'avaient même pas conservé d'hôtel à Senlis. En 1203, une transaction intervint entre le chapelain Henri et Gui V, du consentement d'Elisabeth et de leur fils Gui VI, ainsi que de Renaud et Nivelon, frères de Gui V. Henri cède aux Bouteillers, après sa mort, la maison qu'il a fait construire sur un fonds appartenant à Gui et qu'il tenait de lui au cens de trois sols, sous la condition que, sa vie durant, elle lui restera franche de toute redevance, et que « toutes les fois qu'il plaira à Gui ou à son fils de venir demeurer à Senlis, le chapelain sera tenu de les recevoir dans sa maison » (227).

Gui IV fit deux fois le voyage de Terre Sainte en 1190 et en 1219. Dans cette dernière expédition, il fut fait prisonnier par les Sarrasins (228).

Élisabeth, sa femme, appartenait à la maison de Trie. Elle avait pour père Enguerran III et pour mère Eve de Mouchy (229).

Pendant la captivité de son mari à Damas, Elisabeth administra les biens de la famille (230). A son retour, Gui V confirma notamment un échange de serfs avec l'Abbaye de Sainte-Geneviève, motivé par la mésalliance d'un de ses vassaux (231).

p. 131). — Il mourut le 21 avril : « Ob. Nevelo miles, frater Buticularii, qui dedit nobis I modium frumenti in granchia de *Braiseltu*. » (Nécr. du chap. de Senlis, mss. lat. 9975). — *Adlis* était fille de Guillaume de Mello, châtelain de Roye.

M. le chanoine Müller a publié une charte inédite de Nivelon en faveur des religieuses du Parc-aux-Dames, donnée en avril 1213 du consentement de *Guillaume III,* son fils, ainsi-qu'une pièce où Guillaume de Brasseuse, chevalier, vend à ce monastère 27 arpents de terre arable entre la Nouvelle Garenne et Raray, du consentement d'Isabelle de Braibant, sa seconde femme, de ses fils *Guillaume IV* et *Jehan* et de sa fille *Philippe,* en 1241 (*Quelques chartes et sceaux inconnus concernant Senlis,* Mém. du Comité archéol. de Senlis, 1897). — Un *Nivelon de Senlis* était chanoine de Paris en 1249 (Guérard, t. II, pp. 398 et 413).

D'après le P. Anselme (VI, 266), Guillaume III eut une sœur, *Agnès,* mariée à Raoul de Franconville : elle est nommée *Buticularia* dans un acte de 1246 où elle figure avec son mari et son fils Raoul II (LL 1127, fol. 718) ; — Guillaume IV ne laissa qu'une fille ; — *Jehan,* dit *le Bouteiller,* fut grand maréchal de Sicile en 1267 ; il épousa *Jehanne de Chaumout,* dame de Latainville ; leur fils fut Gilles, seigneur de Latainville et de Brasseuse en 1296 ; — Guillaume IV et Jehan étaient fils de *Béatrice,* première femme de Guillaume III ; —*Isabelle de Braibaut,* fille de Miles de Provins, vivait avec son mari en 1239 et 1248.

(226) Cf. Nécrol. de Senlis, mss. lat. 9975, au 8 des ides d'octobre ; et l'acte de donation (Copie aux Arch. nat. K 189, n° 173).

(227) Arch. de l'Oise, H 2578. — En 1205 un accord intervint au sujet des limites respectives de leurs justices dans la vallée de Montmélian, entre le châtelain Richard de Vernon et Gui de Senlis (LL 1157, fol. 901).

(228) Le P. Anselme, VIII, 516.

(229) Le P. Anselme, VI, 252.

(230) Elle approuve, comme suzeraine, des donations au prieuré d'Acy en 1198. (Arch. de l'Oise, H 2581).

(231) « Ego Guido Buticularius... Cum essem in vinculis apud Damascum, uxor mea Elysabeth debebat ecclesie Ste Genovefe feminam meam de nostris pro excambio Marie, que erat femina ejusdem Ste Genovefe

C'est apparemment à cet exercice du pouvoir féodal que la femme de Gui V dut le surnom de *La Bouteillère*, que lui donne son mari, au lieu de son prénom, dans une belle charte de Chaalis : « Ego Guido Dni regis Franciæ buticularius, assensu uxoris mee Buticularie, Guidonis filii mei et heredis jam militis (232), Willelmi, Radulfi adolescentium et Marie filie mee, pro anima mea et uxoris mee et uxoris filii mei Guidonis, et antecessorum meorum qui predictum monasterium fundaverunt, concessi Odoni abbati et conventui *Karoliloci* fontem qui oritur in prato meo de *Hermonovilla*, ut assumant de eo aquam ad monasterium suum adducendam, quantum aqueductus decem pollices continens in amplitudine capere potest, et ut eandem aquam per terras interjacentes et nemora libere deducere possint, ipsumque fontem purgandi, perscrutandi, faciendi et reficiendi sicut fratribus visum fuerit et quotiens eis visum fuerit ; aqueductum etiam parandi et reparandi, absque omni contradictione vel impedimento, liberam eis tribuo facultatem » (233).

La mort d'Élisabeth est mentionnée, au 10 février, dans le nécrologe de Senlis (234).

On trouve en 1233 « domina Botuillere, uxor Johannis de Juliaco (Jehan de Juilly) », qui approuve une cession de biens à Argenteuil faite aux moines dionysiens par Guillaume de Dugny (235). C'est peut-être *Marie*, une des filles d'Élisabeth.

Dès 1228, Gui V était remplacé par son fils *Gui VI*. Le frère de ce dernier, *Raoul III*, fit hommage, à cette date, à l'évêque de Paris, pour la moitié de la terre de Luzarches (236).

Un troisième fils de Gui V, *Guillaume II*, sire de Chantilly et de Montmélian, partagea avec son frère Raoul III en février 1226.

Dans un voyage qu'il fit en Terre Sainte avec les comtes de Montfort, il fut pris par les infidèles en 1249 et emmené en Egypte où il ne tarda pas à succomber. C'est lui qui épousa Aélis Mauvoisin, fille de Gui III et d'Aélis de Porhoët.

Raoul III, seigneur de Luzarches, épousa Marguerite de Corbeil, fille de Jehan IV de Corbeil. Jehanne de Lorris, mère de Marguerite, fonda pour le repos

de corpore quam Archembaldus homo noster duxerat in uxorem, Johanne abbate et canonicis concedentibus... Loco femine illius Petrum filium Henrici Barigan hominem nostrum de corpore eid. ecclesie dedimus. Ann. 1220. » (*Cartul. de Sainte-Geneviève*, fol. 184).

(232) Gui VI est nommé seul avec ses parents dans un acte de 1203 (Mss. lat. 17049, fol. 445).

(233) L'original de cette charte, daté de 1220, est conservé dans la collection de Dom Grenier ; le volume 328 renferme une quantité très importante de superbes pièces originales des Bouteillers de Senlis.

(234) « Obiit Elisabeth buticularia de cujus beneficio habemus duos modios avene de horreo suo buticulario pro novalibus de *Oiri*. »

(235) A. N. L 837.

(236) Guérard, *Cartul. de N. D. de Paris*, t. I, p. 148.

de l'âme de sa fille, de son gendre et de ses parents, le prieuré de Doulcamp en juin 1264 (237).

Le testament de Raoul III fut fait en 1250. Lui et Gui VII, son neveu, fondèrent une chapellenie à Chaalis. Au sujet des dernières volontés de Raoul, un procès éclata entre sa veuve Marguerite et Thibaut de Beaumont : il fut soumis à l'arbitrage de « mesire Pierre Choisiaus et mesire Gerars de Chaumontel chevaliers » qui le terminèrent en mars 1251 (238).

Le partage accepté par Marguerite fut sanctionné en mars 1271 par ses enfants, parvenus à leur majorité : « *Raoul (IV) li Bouteillers de Senlis*, sires de Ermenonville, *Ancel li Bouteillers*, sires de Luzarches, chevaliers, et mestre *Gefroiz li Bouteillers*, chanoine de Beauvais » (238).

Dès avril 1270, un abandon collectif des droits de pâturage dans les bois de Chaalis avait été consenti par « *Raous*, chevalier, sire d'Ermenonville, diz Bouteiller de Senlis, et *Marguerite* sa femme ; *Guillaume*, chevalier, sire de Montespillouer, et *Jahenne*, sa femme ; *Anseaus*, escuier, sire de Luzarches ; mestre *Geofroiz*, chanoine de Beauvais » (238).

Les sceaux de ces quatre frères sont fort différents. Les trois premiers ont des sceaux de noblesse. Raoul porte : coupé, au 1 chargé d'un lion. Guillaume a six gerbes, 3, 2 et 1 (239), sur son écu chargé d'un lambel à quatre pendants. Anseau porte une croix chargée d'une bande alaisée. Geofroi a un sceau de clergie.

Geofroi vivait encore en juillet 1276. Il était alors archidiacre de Beauvais, et l'abbé de Sainte-Geneviève lui concéda une habitation dans le cloître de l'abbaye (240).

Guillaume, son frère, est qualifié *novus miles* en 1267. Cette même année, son aîné Raoul IV reçut du roi, en don, des vêtements de cour, un destrier et un palefroi, le tout montant à plus de 120 livres (242).

Marguerite, femme de Raoul IV, était de la maison de l'Isle Adam. Elle mourut en novembre 1275, un an avant son mari, et fut inhumée à St-Antoine de Paris (241).

Cinq de leurs enfants leur survécurent: *Raoul*, chanoine d'Orléans ; *Gui*, *Guillaume*, *Johan* et *Adam*, chevaliers. Ce dernier céda par échange au roi la terre de Draveil, dont son oncle Anseau avait été possesseur ; les comptes de cette opération furent réglés à la Chandeleur 1332 (242).

(237) Les *Vicomtes de Corbeil*, par J. Depoin. Bulletin de la Soc. Hist. et Arch. de Corbeil, 1899, p. 39. — Le bailli d'Orléans perçut, en 1248, 66 liv. 13 s. 4 d. pour droits de rachat, de Raoul le Bouteiller. (*Histor. de France*, XXI, 272).

(238) Coll. D. Grenier, vol. 328. Thibaut, fils de Jehan et d'Isabeau la Bouteillère, avait épousé *Jehanne*, fille de Raoul III et de sa première femme Jehanne de Rougemont.

(239) Ce sont des armes parlantes par allusion à une étymologie populaire et très fantaisiste de Mont*é*pilloy.

(240) Cartul. de Sainte-Geneviève, fol. 370.

(241) Le P. Anselme, VI, 260.

(242) *Histor. de France*, XXI, 396, 523.

Nous renvoyons pour la suite de la généalogie des diverses branches, à l'*Histoire des Grands officiers de la Couronne*, plus complète à partir du règne de saint Louis.

V. Branche de GEOFROI LE RICHE

Geofroi le Riche n'est autre, croyons-nous, que le sire Geofroi, chevalier, en présence duquel Gui, fils de Gauslin (Guido Wascellini filius) pour fonder une nouvelle prébende à Notre-Dame de Senlis, donna au chapitre la terre de Rouvres (*Rubreium inter Credulium* et *urbem Silvanectensem*), « in presencia domni Goiffredi militis et Guidonis, filii Galterii, et Odardi fili Odonis prepositi » (243).

Le 15 juin 1068, Philippe Ier se trouvant à Senlis, confirma solennellement tous les dons faits à l'Église Notre-Dame. A la suite du roi et des grands officiers, on lit les souscriptions suivantes :

S. Roberti vicedomini (*Silvanectensis*).

S. Gaufredi militis.

S. Garnerii filii ejus.

S. Henrici fratris ejus (244).

Un texte de 1086 indique Geofroi comme fils d'*Hervé*. Il eut lui-même un fils de ce nom qui assista à la confirmation par Philippe Ier du don de l'église de Maisons (245). Un autre diplôme du même prince sanctionnant une donation de Dreux II, comte du Vexin, à l'abbaye de Jumièges, se termine par cette liste de témoins : « coram fidelibus meis... Herveio filio Godefridi Divitis. Et ipse Godefridus adfuit et Ansfredis puella » (246).

On sait par notre Cartulaire que Geofroi le Riche épousa *Richilde de Montmorency* (sans doute tante de Richard Ier de Bantelu). De concert avec elle, il dota le prieuré de St-Prix de Tour vers 1085 (n° XV). *Mathilde*, femme de Thibaut Payen de Gisors, dont un fils prit le nom d'*Hervé*, descendait, par Hervé II, de Geofroi et de Richilde (Cartul. n° CVI).

VI. Branche d'HERMER DE PONTOISE

Nous avons tout lieu de croire qu'*Hermer de Pontoise* appartenait, lui aussi, à la maison de Senlis. Ses ancêtres, énumérés dans une charte d'exemption pour l'abbaye de Fécamp, portent les noms caractéristiques de *Guillaume* et de *Gui* ; d'un autre côté, plus d'un *Hermer* se rencontre à Senlis parmi les chevaliers de

(243) Copie intégrale (d'après le Cartulaire de N.-D. de Senlis, p. 124) dans Afforty, t. XIII, p. 429.

Oudard ou *Heudard* (*Odardus, Huldardus, Hildiardus*), fils du prévôt *Eudes de Senlis*, est, par ses fils *Arnoul* et *Maingaud*, la souche d'une famille de chevaliers qui a porté le surnom de *Gonesse*. Une autre lignée, de même surnom, lui est sans doute collatérale.

(244) Coll. Moreau, t. XXIX, fol. 170.

(245) Duchesne, *Hist. de Montmorency*, Preuves, p. 67.

(246) Levrier, *Coll. du Vexin*, t. IV, p. 103.

l'entourage des Bouteillers (247). *Giroud*, fils d'Hermer de Pontoise, était en 1108 auprès d'Adam de Senlis, échanson du roi.

Quoi qu'il en soit, *Hermer* occupait, dès 1069, les fonctions de prévôt: il accompagnait, en cette qualité, Philippe Iᵉʳ au château de Poissy, et fut présent à la donation de l'église de Tessancourt à l'abbaye du Bec, par le comte Hugues de Meulan (248).

Grâce au témoignage d'Orderic Vital et de la charte de Fécamp, nous connaissons une alliance d'Hermer avec *Jourdaine*, dont il n'eut qu'une fille, *Ite*, mariée plus tard à Foulques de Chaudry. Cette *Jourdaine* fut certainement la seconde femme d'Hermer, qui, d'une union antérieure, eut plusieurs fils dont on ne signale en rien l'intervention dans les documents relatifs à Ite. Or, Gautier Payen, vicomte de Meulan, dota en 1096 l'église de Montmartre du consentement de sa femme, « appelée d'abord *Comtesse* puis *Jourdaine* lors de son baptême » (pour rappeler qu'elle avait été baptisée avec de l'eau du Jourdain). D'un autre côté, l'une des filles de Raoul II Deliés et d'Hahuis est désignée dans un acte de 1098 sous le surnom de *Comtesse*. S'agirait-il de la même personne, qui aurait successivement épousé Hermer de Pontoise et Gautier Payen ?

Le Cartulaire de St-Martin nous apprend qu'Hermer portait un surnom que le rédacteur traduit par *Tostata*. Il revendiqua l'aleu de Menouville, légué par Dreux de Jérusalem à la communauté naissante de St-Germain (Cartulaire, nᵒ I) et se désista de cette instance sur les représentations d'Amauri de Pontoise, père de Raoul II Deliés. L'autorité morale exercée par Amauri sur Hermer s'expliquerait fort bien par l'alliance que nous supposons.

Dans les dernières années du XIᵉ siècle, Hermer de Pontoise et le prévôt Gui (son fils qui lui avait succédé dès 1092), assistent à un acte de famille de Raoul II et de sa femme Hahuis.

« RADULFUS DELICATUS DE PONTE ISARÆ et HAHUIS uxor ejus dederunt ecclesiæ *Sti Martini de Campis* altare de *Meruaco*, et atrium, et quicquid ad hoc altare pertinebat, et quicquid in ecclesiâ habebant, concedentibus filiis eorum RADULFO et HENRICO.

Hujus rei testes sunt: HERMERUS DE PONTE ISARÆ. WIDO præfectus (249). Willelmus, Hugo, Yvo de Croteiaco. Warnerius, Wido, sacerdotes. HUGO filius WARNERII (250). PAGANUS filius STEPHANI (251). Hildegerius de Greva. BALDUINUS BEL-

---

(247) Notre Cartulaire associe à Eudes de Gonesse, Hermer de Vietel. C'était un nom senlisien.

« L'abbaye de S. Vincent n'étoit avant l'an 1060 qu'une petite chapelle bâtie dans un faubourg de la ville et près d'une petite rivière appelée Vietelle, *juxta riparium de Victello* » (La reine Anne fonda l'abbaye). — B. N. Coll. D. Grenier, V, 141.

(248) Levrier, t. XIII, preuve 186 : « Testes... HERMERUS prepositus ».

(249) *Gui*, prévôt de Pontoise, fils d'Hermer.

(250) *Hugues*, fils de Garnier de Paris, seigneur de Gentilly.

(251) *Payen*, fils d'Étienne, prévôt de Paris, et frère de Robert de Paris.

lus (252). Henricus homo ejus. De servientibus ecclesiæ : Walterius, major. Ansoldus, corvesarius. Odo, bubulcus. Theodoricus, pistor. Leudo, sartor, etc. » (253).

C'est apparemment dans la dot de Jourdaine que se trouvaient compris, sinon les droits de dîme à Puiseux qu'Ite abandonna à St-Martin de Pontoise (Voir Cartulaire nᵒ XL et note 198), du moins les droits sur le travers de la ville, dont Hermer exempta les moines de Fécamp par l'acte que nous avons cité et où il fait intervenir sa femme et sa fille (254).

Bien que le nom d'Hermer ait éte parfois orthographié *Haimerus* ou *Haimericus*, il s'est conservé sous sa forme normale dans le *Val-Hermer*, portion du territoire de Pontoise qui s'étend, sur les bords de la rivière, jusqu'aux limites du village d'Auvers.

D'un premier mariage Hermer avait eu d'autres enfants. L'un d'eux, *Gui*, cité plusieurs fois dans le Cartulaire de St-Martin, devint prévôt de Pontoise ; il était en fonctions en 1092 et 1093.

Un autre, *Géroud le Rouge*, suzerain d'une terre sur la chaussée romaine entre Pontoise et Puiseux (Cartulaire, nᵒ VI), est cité dans les titres de St-Père de Chartres en 1088 et 1111, et dans un texte de 1101 avec son frère *Eudes* (Cartulaire, nᵒ XLII, notes 204 et 211). Il était un des vassaux de Gautier Tirel en 1118.

En 1107-1108, il fut témoin d'un acte d'Adam de Senlis, échanson du roi (255).

Il est appelé quelquefois *Giraud* ou *Girard*. Son nom est resté attaché au quartier de Vau-Geroud, dans la banlieue de Pontoise, confinant au Val-Hermer.

Geroud apparaît comme suzerain de plusieurs terres du Vexin et du Beauvaisis. Il donna aux moines de Liancourt la terre du Cornouillet (256), du consentement de *Robert* son fils, d'*Aélis* et *Hildiarde*, ses filles. Il céda depuis aux moines, moyennant 51 deniers d'argent en monnaie de Pontoise, un hôte à Liancourt. Osbert, mari d'Aélis, confirma ce don sur l'autel de St-Père à Juziers en 1112 (257).

(252) *Baudoin le Bel*, tige des seigneurs de Villiers le Bel.

(253) D. Marrier, p. 505. — Levrier, t. XII, preuve 287.

(254) Ego Heremarus concedo, cum assensu uxoris mee Hodierne nomine, et filie mee nomine Ite, tributum bachorum et ceterarum navium loco *Fiscanneusi* pertinentium et per *Pontem Isare* transeuntium (Ste Trinitati et monachis)... eo tenore ut in die festivitatis Sti Albini habeatur memoria antecessorum meorum Willelmi et Adeline, et Widonis. (Coll. Moreau, t. XL, fol. 208).

(255) Mss. lat. 10911, fol. 7.

(256) En latin *Corneleia*. Levrier a reconnu là le Cornouillet, hameau de Us, où plus tard Aelis de Maudétour et son fils Thibaut I fondèrent le prieuré de St Laurent *de Cornucervino*, depuis appelé St-Blaise du Cornouillet. (Cf. Cartulaire, note 325, et D. Duplessis, *Descr. de la Haute-Normandie*).

(257) Le début de la notice est reproduit par Guérard, *Cartulaire de St Père.* p. 636. L'acte continue ainsi :
Post hec igitur reverteuti tempore, augere desiderans beneficium prædicte ecclesie, acceptis a monasterio LI sol. nummorum Pontesiorum, eidem ecclesie hospitem unum cum domo et curtillo in *Leuncurt* infra vallem, juxta viridarium Durandi, et terram secus viam que pergit ad *castrum Calvi montis* ad dexteram cuntibus, con-

Robert de Pontoise épousa *Ligarde* et en eut un fils nommé *Ives* : ils furent au nombre des bienfaiteurs de Liancourt (258).

Robert de Pontoise figure dans notre Cartulaire (n° CXXV) sous le nom de *Robert de Liancourt*. Lui et son fils *Ives* firent une donation à St-Martin de biens au Val de Jouy, entre 1151 et 1161. On remarquera qu'un *Bourdin de Liancourt* faisait, en 1106, partie de la noblesse Senlisienne et que ce surnom de Bourdin se retrouve en diverses branches de la maison de Paris.

Les rois de France paraissent avoir maintenu dans cette famille la charge de concierge de leur château de Pontoise. Par des lettres datées d'Alençon, en septembre 1223, Louis VIII accorde à *Baudoin de Pontoise*, panetier de Philippe, comte de Boulogne, la conciergerie de cette ville, ainsi que la tenait *Simon de Pontoise*, oncle de Baudoin (259).

De cette famille de Pontoise sont issus les nombreux personnages de ce nom qu'on rencontre en Parisis, en Beauvaisis et en Normandie ; et en particulier, *Robert de Pontoise*, bailli de Bayeux en 1251-52 (260).

En 1341, *Gérard de Pontoise* était « lieutenant de honorable homme et saige Nicolas le Mettoier bailli de Senlis » (261).

Le mss. français 20,278, provenant de Ste Marthe, contient une notice sur les

tinentem diurnos duos dedi, donumque cum filio meo ROTBERTO et filia HILDGARDE, super altare Sti Petri Leoncurtis misi : testibus Walterio Montfalcon, WALTERIO DE ALNETO, Bernardo Ricardi filio, Giroldo fratre suo, Godardo, Rainoldo, Guarnerio, Odone fratribus, [Willelmo Arruntio, Jamelino cum filiis suis Fulcone et Giroldo, Balduino Torello, Gilleberto Bubulco. — OSBERTUS vero gener GIROLDI cum uxore sua ADALICIA, filia prefati Giroldi, supradictum donum apud *Gesellum* super altare Sti Petri concessit] — Anno ab incarnatione Dni 1112 ».

(Transcription de Gaignières, d'après une copie du temps sur une feuille de parchemin. B. N. mss. lat. 5817, fol. 188. Les passages entre crochets sont omis par Guérard).

(258) « Notum sit omnibus quod ROBERTUS DE PONTESIACO et LEGARDIS uxor ejus et Ivo filius eorum dederunt nobis agripennum terræ apud *Ledonis curiam* et posuerunt donum super altare. Presentes affuerunt Godardus et Odo frater ejus, Lemelinus, Garnerius de Fosseto, Adelelmus et Gaunerius filius ejus, Ancherius, Rainaudus Furnarius, Adelelmus filius Hisenberge ». (Mss. lat 5417, fol. 184. Cette pièce ne figure pas dans le cartulaire édité par Guérard).

(259) A. N. JJ 26, fol. 247 ; B. N. lat. 9978, fol. 203. Cf. Petit-Dutaillis, *Étude sur la vie et le règne de Louis VIII,* n° 18).

En 1238, *Etienne de Pontoise* et *Odeline*, sa femme, reconnaissent ne pas s'opposer au don fait à Saint-Denis de biens nobles et roturiers par Arnoul Feret (A. N. LL 1158, fol. 56).

Les Archives de l'Eure (H 645) contiennent un titre ainsi conçu :

« Ego RICARDUS DE PONTISCERA et CECILIA uxor mea, vendidimus abbati de MORTUOMARI xl. solidos, usualis monete, annui redditus in domo mea, in parochia Sti Salvatoris, inter terram Alberti de Puteo et Walteri Mostarde ».

(260) Notices et extraits des Mss. de la Bibl. nationale, t. XX — 1, p. 242, 791 à 793.

(261) Commission à sergent donnée à Compiègne le mercredi av. la St-Michel (Cartulaire de Royallieu, Ms. lat. 5434, fol. 146).

« De Pontoise, seigneurs de *la Romanerie* et de *Gomer* » communiquée par M. de Gomer. Elle indique pour armes : « D'argent à l'aigle éployé de sable, au chef d'azur ; supports, deux lions d'or ». Voici les indications qu'elle contient :

En l'an 1200 vivoit *Guyart de Pontoise*, comme il est remarqué en un titre du Trésor de St-Denis en France. Il eut procès contre les religieux de cette abbaye pour un droit de chasse et moulin. Il prenoit qualité de gentilhomme du roi Philippe-*le-Bel* (*sic*).

En l'an 1286 on voit dans les archives de ladite abbaye de St-Denis que *Jean de Pontoise*, abbé de Ferrières, a fait faire les vieux dortoirs, auxquels sont posées ses armes telles que les portent à présent les *De Pontoise* ; et son frère (appelé *Gilles de Pontoise*) fut abbé de St-Denis en 1303.

On voit sa tombe en cuivre dans l'église où sont gravées les armes de sa maison (262) ; il a fait faire quantité d'ornements, de châsses d'argent et de batiments où sont aussi ses armes. Il a été grand aumônier de France.

Le nom de leur pere n'est point marqué, qui devoit estre pourtant une personne illustre, par la suite de ces armes qu'on voit en tant de lieux.

En 1325 il y a eu encore un abbé de St-Denis nommé *Gautier*, de la mesme maison, ainsi qu'il est remarqué par lesd. Archives et livre intitulé : « Le Thresor sacré ou l'inventaire des précieux joïaux et saintes reliques de St-Denis-en-France ».

En 1456 vivoit *Louis de Pontoise*, comme appert par son contrat de mariage avec Guillelmine de Péronne, sa seconde femme, fille de Geofroy de Péronne. Pour sa dot il eut 2000 florins et 20 gros d'or. Il fut tué à l'assaut que le roy Louis XI fit donner au Tronquoy et fut enterré à Noïon où on voit son épitaphe, en l'an 1475. Ses armes y sont apposées sur du cuivre. La *Chronique scandaleuse* fait mention de ce vaillant capitaine.

Bernard de Pontoise, son fils, escuïer, contracta mariage le 2 février 1484 avec demoiselle Marie Corat, dont issut messire *Gabriel de Pontoise*, sieur de la Romanerie, chevalier, sous-gouverneur des Enfants de France ou plutost médecin du Roy et de messieurs les enfants de France, fils du roi Henri II ; lequel contracta mariage avec demoiselle Louise de Sainte-Marthe, fille de Gaucher de Sainte-Marthe escuïer, et de demoiselle Marie Marquet, le 10 juillet 1530.

Il laissa (outre deux filles, *Marie* mariée à N. Houdry, sieur des Haies, avocat du Roy à Troyes, et *Claude*, mariée à N. des Hommes, seigneur de la Rivière-le-Lys en Poitou), un fils, *René de Pontoise*, escuïer, qui contracta mariage avec demoiselle Françoise Salais le 25 mai 1566. Il fut capitaine au régiment de François de Bourbon, prince de Conti ; et de son mariage sortirent onze enfants... (dont *Marquis de Pontoise*, qui continua la postérité).

Marquis de Pontoise, escuïer, sieur de la Romanerie et de Gomer près Chasteau-du-Loir, espousa par contrat de mariage de l'an 1602, le 21 septembre, Marie de Billon, fille de Jacques de Billon, seigneur de la Pragne, senechal de la Marche, lieutenant de la Compagnie d'hommes d'armes de François de Vendosme, vidame de Chartres, et de Fulvie de Vendosme, sa fille naturelle.

Leurs enfants furent : *Pierre de Pontoise*, seigneur de Gomer ; *Cecile*, femme de Germain de Marolles ; *Marguerite*, qui espousa N. du Rozay, gouverneur de l'isle de Noirmoutiers.

Pierre de Pontoise, chevalier, seigneur de Gomer, fut gentilhomme de la chambre du Roy, aide de ses camps et armées. Le roy Louis XII l'honora de son ordre de St-Michel et d'une compagnie entretenue au regiment de Piémont, pour s'estre signalé en la bataille de Sedan où il fut fait prisonnier, s'exposant pour sauver le lieutenant-general de l'armée du Roy. Dupleix en son *Histoire*

---

(262) L'abbé Gilles était de la maison de Chambly et natif de Pontoise.

de France le remarque sous le nom de Gomer qui est sa seigneurie, et est en très bonne estime. Il contracta mariage l'an 1645, le 6 juillet, avec demoiselle Renée Le Gay, fille de messire René Le Gay, chevalier, seigneur de Limbertière en Maine près le Chasteau-du-Loir, et d'Anne de la Barre, dont il a enfants.

VII. Branche du Chambrier GALERAN.

Hugues, qualifié « vir illustris », chef de cette branche au milieu du XI⁰ siècle, nous apparaît comme un personnage fort généreux. Pendant que le roi Henri I⁰ʳ passait à Soissons les fêtes de Noël 1047, il obtint de ce prince la permission de se dessaisir, en faveur de Saint-Médard, de tous les biens héréditaires qui lui étaient échus à Vierzy, Violaine et autres paroisses de cette région. Un nombre inusité de comtes, vicomtes et chevaliers de la cour du roi souscrivirent à cet acte (263).

Hugues exerça les fonctions de bouteiller du roi avant 1047 (264) et de 1057 (265) à 1060.

Son fils, le chevalier *Gautier* (« quidam miles nomine GUALTERUS filius HUGONIS pincerne Regis », dit la charte : — « GUALTERUS miles filius HUGONIS regii buticularii », dit Hariulf) après avoir disputé aux moines de St-Riquier la terre de Feuquières-en-Vimeu, renonça à ses poursuites, comme le constate une charte de l'abbé Gervin I, du 29 août 1062, moyennant une indemnité de cent sols (266).

Gautier eut cinq fils : *Galeran*, *Gautier*, qui devint archidiacre (267), *Hugues*, *Baudoin* et *Renaud*.

Dès le début du règne de Philippe I⁰ʳ, Galeran, qui se qualifie seulement .chevalier, fonda de concert avec ses quatre frères, en pleine forêt de Halatte, sous le vocable de St-Christophe, une petite abbaye (*abbatiola*) qui reçut en avril 1061, la confirmation royale (268).

Le 27 mai 1061, Galeran souscrivait en qualité de grand-chambrier, au diplôme de Philippe I⁰ʳ pour la fondation du prieuré de Béthisy (269).

(263) Coll. Moreau, t. XXIV, fol. 7. Hugues fit ces libéralités pour le repos de l'âme d'*Aubert*, son frère, et de leur père *Renaud*. Hugues eut un autre frère du nom de *Baudoin*.

(264) « HUGO pincerna Regis » souscrit à la fondation du prieuré de St-Hilaire-sur-Yères (B. N. mss. lat. 12895, fol. 128). Cette pièce, probablement postérieure à 1042, est à coup sûr antérieure à 1047, date à laquelle Gui, comte de Soissons, qui y est nommé, était remplacé par son fils Renaud.

(265) S. HUGONIS pincerne Regum. S. BALDUINI fratris ejus... S. WALTERI pincerne Regis. (Arch. de l'Aisne, H 1508).

(266) Hariulf, *Chronique de St-Riquier*, édit. Lot, p. 235.

(267) Suivant Afforty, ce Gautier n'est autre que *Gautier de Chambly*, plus tard chanoine de Paris, puis évêque de Meaux en 1084 (Cf. Cartulaire, note 101). Il confirma en 1091 la fondation de Galeran, en qualité d'évêque de Meaux (Vattier, *Cartul. de St-Christophe-en-Halatte*).

(268) *Gallia christiana*, t. X, Preuves, col. 246.

(269) A. N. K. 189, n° 179.

Si l'on en croit les chroniques de St-Maixent et de St-Michel du Désert, il aurait épousé *Helvise*, fille de Hugues Bardoul, seigneur de Pithiviers, et de Berthe. Elle était veuve de Renaud du Puy-du-Fou, chambrier de Henri Ier, mort avant 1060, dont elle avait eu deux fils : Hugues, châtelain du Puy-du-Fou, et Guillaume, chambrier de Philippe Ier (270).

Il n'est pas douteux que Henri Ier ait eu un grand chambrier nommé Renaud, et celui-ci un fils appelé Hugues. Mais, comme nous allons le voir, ce chambrier n'était autre que l'oncle paternel de Galeran ; sa femme, mère de Hugues, se nommait *Ermentrude* et non *Helvise*. Tout ce qu'il est possible d'admettre, c'est que Renaud du Puy-du-Fou ait été sous-chambrier (*sub camerarius*) dans la maison du roi.

Depuis 1066 jusqu'en 1108, Galeran figure sans interruption comme l'un des quatre grands officiers sur les diplômes de Philippe. Un seul acte, dont nous n'avons que des copies, celui qui a trait à la fondation de Saint-Vincent de Senlis en 1069, porte : *S. Galterii camerarii*. S'il n'y a pas là une erreur matérielle du scribe, on peut admettre que Gautier, père de Galeran, ayant occupé ces fonctions antérieurement, on lui maintenait, suivant un usage dont il y a de fréquents exemples, un titre devenu purement honorifique. Il ne serait pas non plus impossible que Galeran ait éprouvé, pendant cette année, une maladie, ou fait une absence qui l'ait forcé d'abandonner provisoirement ses fonctions, et qu'il ait été remplacé momentanément.

Dans les débuts de l'exercice de sa charge, Galeran paraît avoir eu des besoins d'argent assez impérieux. Il dut emprunter une forte somme à l'abbé de St-Martin des Champs, Engelard (qui vivait en 1067), moyennant une hypothèque sur sa terre de Rungis (271).

(270) « RAINALDUS quoque DE PODIO FAGI, Tulli frater germanus, possessiones suas de *Henssionensi* donavit abbati Alarico, cum HELVISA conjuge filiisque suis HUGONE atque WILLELMO.

RAINALDUS fuerat *Franciæ camerarius* in vita regis Henrici, ante regis illius obitum ; cumque supervixisset HELVISA Rainaldo viro suo, nupsit iterum WALERANNO *Franciæ camerario ;* fuitque genita ab HUGONE BARDULFO qui tenuit *Pivrium* castrumque de *Bellifonte* et etiam de *Novigento*.

HELVISE primogenitus HUGO, RAINALDI primi viri sui filius, castrum de *Podiofagi* tenuit a ROBERTO DE MAURITANIA *consobrino*, terramque totam de Podio fagi citra et extra ripam *Sayvriæ* (*la Sèvre Niortaise*).

Hugo vero cœnobium augmentavit Sti Johannis Angeriacensis (*St-Jean-d'Angely*) cum PETRONILLA conjuge et GAUFREDO filio, astantibus WILLELMO *Franciæ camerario*, HUGONIS *fratre germano*, et Willelmo Ferrum sectore, comite Engolismensi, Gaufredi quondam comitis filio et Petronillæ, ac etiam fratre Petronillæ supranominatæ.

Deinde WILLELMUS ipse, domini Philippi Franciæ regis camerarius, pietatis amore et Hugonis de Podio fagi fratris sui exemplo, S. Johannis Angeriacensis abbati ODONI donavit possessiones suas Sti Luciani : addidit possessiones suas Willelmus de Surgeriis, Hugonis Maengo filius et Peronellæ, cum ALIPSA conjuge supranominati WILLELMI sorore ; qui quidem WILLELMUS genuit HUGONEM, WILLELMUM et MAHAUDAM ex ADELLIA conjuge, YVONIS filia comitis *Bellimontis* atque ADELLIÆ comitissæ ».

(Chron. de St-Maixent, écrite en 1280 ; ap. D. Martene, *Amplissima collectio*, t. V. col. 1150. Cf. Chron. de St-Michel du Désert, ibid. t. V, col. 1160 ; — *Histor. de France*, X, 294 ; XI, 373).

(271) « In hac carta continetur conventio quam INGELARDUS abbas, Bti Martini, habuit cum WALE-

La petite abbaye fondée par Galeran et ses frères était une enclave du domaine d'Ermenonville, dépendance de St-Pierre de Beauvais, et que la famille de Galeran tenait en bénéfice par concession de l'évêque. Ce domaine se retrouve plus tard aux mains des Bouteillers de Senlis.

Pour doter le monastère naissant, Galeran et ses frères lui donnèrent des vignes et un four à Senlis, la terre de Rotheleux en Clermontois, Rieux en Beauvaisis, et tout ce que Gautier leur père possédait à Chennevières-sur-Marne (272).

Les indications qui précèdent engageraient à rattacher Galeran et sa famille à la maison des Bouteillers. Mais cela ne saurait faire aucun doute: un diplôme en faveur de Moutierneuf, donné à Poitiers en 1076, porte après le monogramme royal, la souscription « S. GALERANNI SILVANECTENSIS, camerarii regis ». Gui, fils de Galeran, reprendra d'ailleurs le surnom de Senlis (WIDO SILVANECTENSIS) en 1108, dans un acte de Louis VI pour Fleury-sur-Loire (273).

La fondation de Galeran ne devait pas lui donner beaucoup de satisfaction. Au bout de vingt-six ans, le mauvais renom des moines, qui n'avaient de religieux que l'habit, l'obligeait à réduire cet établissement au rang de prieuré. Il en confia la réforme à la communauté de La Charité-sur-Loire, dont faisait partie *Pierre*, un de ses enfants. *Archambaud*, fils de Galeran, approuva cette mesure (274).

Galeran a porté aussi le surnom de *Blanchard*. Un diplôme royal de 1085

RANNO *camerario Regis*. Huic enim supradictus abbas XL lib. denariorum accommodavit, ea conditione ut medietatem omnium eorum que ad villam que vocatur *Rulgiacus* pertinere videntur, Btus Martinus possideat, donec suas XL lib. recipiat. Factum est hoc annuentibus ANNA regina, comite RADULFO et HUGONE filio RAINALDI. Nomina eorum qui huic conventioni interfuerunt: Rotlandus prior, WASCHELINUS, BERNARDUS dapifer, Haimo faber, Walcherus, Guntardus, Dodo, Helbertus, Hainardus, Rotgerus (Mss. lat. 10977, fol. 38).

(272) L'abbé Vattier, *Cartulaire de St-Christophe-en-Halatte.*

(273) *Histor. de France*, XV, 136. — Coll. Moreau, t. XLIII, fol. 157. — Cf. A. de Dion, *Les seigneurs de Breteuil,* ap. Mémoires de la Soc. de l'Histoire de Paris, t. X. — M. de Dion a fait justice de la confusion commise par plusieurs historiens, qui ont pris Galeran de Senlis pour Galeran de Breteuil.

(274) Voici les parties essentielles de cet acte, daté du 28 mai 1087, indiction 10, 27ᵉ année de Philippe Iᵉʳ. Il faut lire MLXXXVII au lieu de MLXXXIII:

« In nomine... (Suit un long préambule).

Quocirca ego WALERANNUS, mei juris abbatiolam in episcopio *Belvacensi* sub honore et nomine Sti Christophori martyris constructam, sed studio ibidem male viventium monachorum, ac irreligiositatis atque secularitatis ignominiam, a sancte regule tramite paulatim deviando redactam, Deo et *Ste Marie de Caritate*, cum cunctis sibi pertinentibus, absque retentione, deposito abbatiali nomine, sub prioratus jure perpetualiter trado...

Cujus rei testes habentur ejus filius ARCHEBALDUS qui hec laudavit, Rainaldus dapifer ejus, Ricardus de Petrefonte... Ex nostris... PETRUS frater Archebaldi... anno ab Incarnatione Dni M. LXXX. III, indictione x, regnante Philippo anno regni sui XXVII. Datum vᵒ kal. junii ». (Coll. Moreau, t. XXXIII, fol. 181).

mentionne parmi l'assistance « GUALERANNUS camerarius qui et BLANCHARDUS cognominatur, TEULFUS pincerna DE PARISIO » (275).

Outre les deux fils nommés plus haut, Galeran eut de sa première alliance un fils, *Gui*, souvent appelé « WIDO WALERANNIDES » qui exerça après lui l'office de grand-chambrier jusqu'en 1121 (après le 9 août).

Devenu veuf, Galeran voulut épouser une jeune fille, *Mathilde*. Mais celle-ci fut enlevée par le neveu de l'évêque de Troyes. Ce rapt donna lieu à une enquête de l'évêque de Paris, dont parle Ives de Chartres dans une lettre datée de 1106. Galeran devait être alors terriblement vieux.

Archambaud, fils de Galeran, est probablement la tige de la famille des seigneurs de Valprofonde.

En 1204, *Archambaud II de Senlis*, chevalier, abandonnait au monastère de St-Remi de Senlis sa part des dîmes de la paroisse St-Martin, sauf les menues dîmes qu'il avait précédemment données au curé. Il eut pour fils *Barthélemi*, *Jehan* et *Gautier*.

Barthélemi, chevalier, vendit en janvier 1220, à Milesende, abbesse de St-Remi, pour 75 livres de rente, une maison située dans l'enclos du monastère ; comme cet immeuble était de la dot de sa femme *Marie*, il assigna à celle-ci, en compensation, son manoir de Valprofonde (276).

Dans le corps de cet acte, le vendeur est appelé *Barthélemi de Senlis*, et dans l'intitulé français « *messire B. de Valprofonde* ». En 1222, il ratifia un échange entre les religieuses de St-Remi et un de leurs voisins (277).

Il laissa plusieurs enfants. L'aîné, *Archambaud III*, lui succéda, n'étant encore qu'écuyer (278).

(275) Peut-être y a-t-il lieu d'établir un lien entre Galeran Blanchard et *Blanchard de Lorris*, cher au roi Louis VI, qui construisit le château du Moulinet ; son fils *Robert*, ne pouvant conserver cette terre, la vendit aux moines de Fleury avant 1157 (Luchaire, *Actes de Louis VII*, nᵒˢ 384 et 424).

(276) « Ego GUARINUS Dei gratia *Silvanectensis* episcopus... BARTHOLOMEUS DE SILVANECTIS miles et MARIA uxor ejus coram nobis recognoverunt se, laude et assensu filiorum et filiarum suarum, vendidisse in perpetuum dilectis in Christo MILESENDI abbatisse et conventui monialium *Bti Remigii Silv.* pro septuaginta quinque lib. par. domum quam habebant in curte ipsius abbatie Bti Remigii, laudantibus hoc JOHANNE et GALTERO fratribus dicti Bartholomei... Eidem MARIE dictus B. vir suus, loco prefate domus que de suo erat dotalitio, asignavit et dedit domum suam de *Valleprofunda* cum toto manerio domus ejusdem...

Actum anno Dni Mᵒ CCᵒ nonodecimo, mense januario » (B. N. Mss. lat. 11002, fol. 14).

(277) Mss. lat. 11002, fol. 14.

(278) « *Karta de Herchenbaut de Valprofonde qui nos quita la meson et sa part de la dime.*

Officialis curie *Silvanectensis*... Cum causa verteretur inter... conventum *Sti Remigii Silvanectensis* et ERCHENBAUDUM DE VALLEPROFUNDA armigerum, quondam filium primogenitum Dni BARTHOLOMEI militis ex altera, super quadam parte decime *Sti Martini de Silvanectis*, quam partem Dnus ERCHENBALDUS DE SILVANECTI miles, avus dicti ERCHENBALDI DE VALLE PROFUNDA armigeri, contulerat in perp. elemosinam ecclesie

VIII. Branche des Comtes de CLERMONT.

Le bouteiller de Henri Ier, *Hugues*, eut pour fils, — outre Gautier, père de Galeran, dont nous venons de parler, — *Renaud*, grand-chambrier de France, tige des comtes de Clermont par son fils *Hugues II*.

Renaud reçut du roi Robert le château de Creil, quand ce prince en déposséda le châtelain Guillaume, en 1030.

Les droits que lui conféraient ses fonctions, s'étendaient en Beauvaisis, jusqu'à Villiers-Saint-Paul; il renonça à leur exercice, moyennant 14 onces d'or fin et 10 livres d'argent en monnaie de Senlis, au profit du monastère de Fécamp, qui devait cette terre à la munificence de Robert-le-Pieux. La femme de Renaud, *Ermentrude*, et *Hugues*, leur fils, furent témoins de l'acte dont voici les parties essentielles :

« Auctoritate Dei omnipotentis, jussu quoque senioris mei HENRICI Francorum serenissimi regis, ego RAINALDUS predicti senioris camerarius quandam convenientiam facio, in primis cum Deo omnipotente vivo et vero, qui me et omnes habet judicare, deinde cum abbati JOHANNE (279) et monachis qui *Fiscanni* Sti Trinitati serviunt nunc et post eos futuri sunt, de potestate que *Villare* dicitur, ut ab hac die et deinceps nichil ego ipse vel heres meus sive successor possint clamare in ipsa Villari potestate, non comparationem, non prelaturam, sive exactionem aut vini aut frumenti, aut alicujus servitii quod de terra possit exigi, vel hominibus aut possessione eorum, nullam omnino costumam; sed sit ipsa terra sicut est suis finibus undique determinata, ita libera, ita solida, ita quieta sicut fuit in manu gloriosi regis ROTBERTI, cujus ipsa fiscus et alodus extitit; quique eam pro sua anima et heredum suorum salute, Deo omnipotenti in loco *Fiscannensi* regio munere perpetualiter dedit... Pro hac conventione... accepi ab ipso abbati... XIIII uncias optimi auri et decem libras denariorum Silvanectensis monete. Hujus vero descriptionis testis ego sum et HUGO filius meus cum uxore sua, et uxor mea ERMENTRUDIS, fideles quoque mei NIVELUNS et frater ejus RADULFUS Siniscal (280), Walterius prepositus, Arnulfus, Gosbertus et alii quamplures » (281).

Renaud, grand chambrier d'Henri Ier, paraît pour la première fois dans un diplôme du 27 avril 1048 (282).

Sti Remigii de Silvanecti, sicut in carta Dni GAUFREDI bone memorie, quondam episcopi Silvanectensis, vidimus contineri. »

(Cart. de St-Remi de Senlis. B. N. Mss. lat. 11002, f. 14 v° — La fin de cette charte est perdue).

(279) *Jean* fut abbé de Fécamp de 1031 à 1079. L'acte est antérieur au 5 août 1060, date de l'avènement de Philippe Ier.

(280) *Raoul de Beauvais*, grand sénéchal de France, et *Nivelon*, son frère, fils de *Renard de Mouchy* et tige des Cressonsacq.

(281) Coll. Moreau, XXI, 193.

(282) S. RAGENALDI camerarii (L'Épinois et Merlet, *Cartul. de N. D. de Chartres*, I, 90. B. N. Mss. 5185 I, fol. 258). Ce diplôme est souscrit par le sénéchal et le connétable.

Dans un acte de 1047 figure encore son prédécesseur Alard (283) ; la date de 1048 est donc bien celle de la promotion de Renaud.

La souscription de Renaud se rencontre encore dans des actes royaux de 1058.

Hugues II, fils du chambrier Renaud, eut par bénéfice du roi le château de Creil. Ainsi le dit expressément un acte de fondation fait de concert avec Galeran, son allié *par la consanguinité et par la copropriété de ce château* (284).

Par cet acte, les deux cousins unissent à l'abbaye de Saint-Vincent de Senlis une des prébendes de l'église Saint-Evremond de Creil.

D'après une notice dépourvue de date, Hugues, fils du chambrier Renaud, concéda aux moines de la Sainte-Trinité de Fécamp le libre passage de leurs nefs par le travers de Creil (285).

La notice constate l'intervention de Galeran donnant « en tant qu'il lui appartient » son adhésion à cette franchise. Les témoins cités sont : HAIMERICUS DE HAURECEY, nepos HUGONIS ; WALTERUS DE CASTANETO ; ADELELMUS DE AUGO, GOISBERTUS CREDEL ; qu'il faut traduire sans doute par *Aimeri d'Orsay* (286), *Gautier de Chatenay*, *Alcaume d'Eu* et *Joubert de Creil* (287).

Dès 1067, Hugues, fils de Renaud, approuvait l'engagement, à Engelard, abbé de St-Martin-des-Champs, par son cousin le chambrier Galeran, de la moitié de la terre de Rungis (288).

Aucun doute ne saurait s'élever sur l'identification de ce personnage avec *Hugues de Clermont*, fils de Renaud, surnommé *de Mouchy* parce qu'il occupait ce château du vivant de son père (Voir *Cartulaire*, note 119). Il possédait aussi,

---

(283) S. HENRICI gloriosissimi regis... S. ALARDI *camerarii* (Rachat de l'avouerie de Laon, ap. Marlot, *Hist. de l'église de Reims*, III, 700).

En 1048, le jour de la Pentecôte, un acte conciliaire, tenu au palais de Senlis, est souscrit par un chambrier *Raoul*. L'initiale a pu être inexactement complétée ; mais peut-être s'agit-il d'un *subcamerarius*, aucun autre grand-officier n'ayant souscrit à cet acte. (Martene, *Ampl. Coll.*, VII, 58). Dans ce dernier cas, le chambrier *Raoul* pourrait être *Raoul II de Senlis*.

(284) « Ego HUGO, RAINALDI camerarii filius, regis beneficio *Credulii* dominus, et ego [GALERANNUS] ipsi Hugoni et consanguinitate et ejusdem castelli participatione conjunctus ».

(Acte non daté, transcrit par Afforty, XIII, 429. Cf. Inventaire du 14 oct. 1572, donnant le nom de *Gallerand* laissé en blanc dans la transcription. Ibid. — Une copie complète existe aux Archives de l'Oise, H 612).

(285) « HUGO filius REGINALDI camerarii [concessit S. Trinitati Fiscann.] tributum navium ejusdem loci per *Cretellum* transeuntium » (Extr. d'un Cartul. de la fin du XIe siècle. Coll. Moreau, XL, 220).

(286) Les terres d'Orsay et de Palaiseau appartenaient à la famille *de Paris*.

(287) En 1104, l'église de Verneuil (ancienne résidence royale près de Creil) fut donnée à l'abbaye de Molesmes par « ANTELMUS DE CRAOLYO, uxor ejus AMIOTA, et HUGO JOSBERTI filius et HODIERNA uxor ejus. »

(288) Mss. lat. 10977, fol. 38.

avec Clermont, Gournay, Luzarches et Creil (289). Suger définit son caractère
« *mobilem et simplicem* ».

Il épousa *Marguerite*, troisième fille d'Hellouin IV, comte de Montdidier, et
en eut 8 enfants (290) : 1. *Renaud II*. — 2. *Gui* Qui ne dort (*Qui-non-dormit*), nommé dans la donation de l'église et de la menue dîme de Breuil-le-Vert, de la dîme
de Villiers-St-Leu, d'un mas à Précy, et de la redîme du vin et du blé au château
de Luzarches, faite par son père à St-Germer entre 1096 et 1099 (291). Cheva-
valier intrépide, il fut pris à Brémule et mourut peu après, dans un cachot de
Rouen, au rapport d'Orderic Vital. — 3. *Hugues-le-Pauvre* (*Histor. de France*, XII,
723), sans doute ancêtre d'*Hugues-le-Pauvre*, abbé de St-Germer en 1190. —
4. *Ermentrude*, mariée à Hugues d'Avranches, dit le Loup, comte de Chester,
mort en 1101. — 5. *Adélaïde*, femme de Gilbert de Clare, comte de Pembroke ; —
6. *Marguerite*, femme de Gérard de Gerberoy ; — 7. *Richilde*, femme de Dreux II
de Mello ; — 8. *Béatrice*, femme de Mathieu I, comte de Beaumont-sur-Oise (292).

Renaud II, croisé en 1099, devenu comte de Clermont entre 1101 et 1103,
s'unit alors à Adèle, comtesse de Vermandois, veuve de Hugues le Grand, qu'elle
avait épousé en 1077 et qui venait de mourir à Tarse, en Cilicie, le 18 octobre
1101. En 1115, Renaud accorde une foire de trois jours, à la Saint-Jean, à la
collégiale de Clermont. C'est lui qui fit de Montataire une maison forte (*domum
Montis Thare muris et edificiis circumvallavit*).

Veuf d'*Adèle*, dont il n'avait pas eu d'enfants, il se remarie vers 1121, avec
Clémence fille de Renaud I, comte de Bar et veuve de Lancelin III de Bulles,
comte de Dammartin (293).

En 1152, elle s'associait à son mari pour confirmer à St-Leu d'Esserent « quod
pater suus Hugo de Claromonte et Margarita mater ejus, et comites *Cestrenses*
Hugo et Richardus predicte ecclesie dederant » (294).

De leur union sortirent : 1. *Raoul* comte de Clermont. — 2. *Hugues*, primicier
de Metz, puis abbé de Cluny, mort en 1199. — 3. *Simon*, auteur de la branche
d'Ailly-Nesle. — 4. *Gui*, nommé en 1152. — 5. *Marguerite*, dame de Luzarches
en partie, mariée en 1154 au grand-bouteiller Gui IV de Senlis. — 6. *Mahaut*,
femme d'Aubri II, comte de Dammartin (295). — 7. *Etienne*, 1162. — 8. *Gautier*. —
9. *Comtesse* (peut-être la même qu'une des deux filles nos 5 ou 6).

(289) D. Grenier, vol. 240, fol. 67.

(290) De l'Epinois, *Rech. sur les comtes de Clermont*, ch. X, § 1.

(291) Louvet, *Hist. et Antiq. du dioc. de Beauvais*, I, 652.

(292) Le nom d'*Emme* lui a été attribué par suite d'une confusion avec une ancienne comtesse de Beaumont, femme d'Ives I, inconnue à Douët d'Arcq.

(293) H F., XIV, 7. Cf. Arch. de l'Oise, fonds de Chaalis, charte de Clémence, comtesse de Dammartin
et de son fils Gui (omis par l'*Art de vérifier les Dates*) *en présence de Renaud, sire de Clermont*.

(294) Arch. de l'Oise, H 2436. — *Cart. de S. Leu d'Esserent*, par M. le chanoine Müller, nos XL et suiv.

(295) Arch. de l'Oise, H 16, publ. ap. Mém. de la Soc. Acad. de l'Oise, X, 117.

Après la mort de Renaud, avant 1162, Clémence épouse en troisièmes noces Thibaut III de Nanteuil le Haudoin (de la branche des Le Riche de Crépy).

Raoul de Clermont, dit *le Roux*, épousait *Adèle*, fille de Valeran III de Breteuil, en même temps que son frère Simon s'unissait à Mathilde, autre fille de Valeran, qui lui apportait les domaines d'Ailly-sur-Noye et de Tartigny. Le mariage eut lieu entre 1153 et 1155, et Raoul reçut en dot la châtellenie de Creil. Il succéda à Renaud son père en 1157, à son beau-père comme seigneur de Breteuil vers 1162, et devint connétable de France en 1164 (296).

Il eut de son mariage : 1. *Catherine*, qui porta en 1192 le comté de Clermont à Louis, comte de Blois. — 2. *Aélis*, citée en 1178 avec Catherine. — 3. *Mahaut*, femme d'Hervé II de Vierzon (suivant l'*Art de vérifier les dates*). — 4. *Philippe*, nommé en 1182 et mort jeune (297).

Raoul mourut en Terre sainte le 15 octobre 1191 (298).

(296) *Les Seigneurs de Breteuil*, par M. le comte Ad. de Dion, p. 25. — Dans un acte en faveur d'Ourscamps passé « apud *Cretolium* » en 1162, Raoul cite « ADELIDIS uxor mea et MATHILDIS soror mea, BAIRNARDUS (*sic*) capellanus meus, fratres mei SYMON et STEPHANUS » (D. Grenier, vol. 240, fol. 83). — En 1178, un autre amortissement de Raoul, « concessione ADELIDIS uxoris mee et filiarum mearum KATERINE et ADELIDIS », porte les souscriptions suivantes : « S. SYMONIS fratris mei. S. PETRI AMBIANENSIS nepotis mei (Pierre, fils de Gérard de Gerberoy. Cf. *Cartul. de S. Leu d'Esserent*, n° XXXI). S. Symonis de Sto Sansone. S. Mathei filii ejus. S. Philippi fratris ejusdem Symonis. S. Odonis de Ro[n]keroles. S. Radulfi de Cressonessart... » (Ib. fol. 141). — La comtesse de Clermont est appelée ADELINA en 1190 (Ib. fol. 185).

Le Grand Cartulaire de Jumièges, conservé à Rouen, contient des chartes de Raoul confirmant, le 25 mars 1162, la donation du moulin de *Cramésy* faite par Adeline, et s'engageant à le fournir d'ustensiles ; donnant l'*île de la Comtesse* aux religieux de St-Léonard de Montataire, etc. Son chapelain HAYMARD est cité en 1162, avec Herbert, curé de Montataire, Gui Candavene, « Walerannus Tinel » et « Hugo de Vilerss (*sic*) » ; et en 1170 avec Simon, frère du comte et « Hugo Aiguillon ». Citons encore une charte importante du chapitre de Montataire, en 1230.

(297) Peigné, *Cartul. d'Ourscamps*, p. 159.

(298) Arch. de l'Oise, Nécrologe de St-Martin-aux-Bois. — L'Epinois, *op. cit.*

III

Sur les comtes et vicomtes de MEULAN
et les vicomtes de MANTES

I. Comtes de MEULAN.

Le nom de Meulan associé à celui d'un personnage féodal apparaît pour la première fois sous le règne de Hugues Capet. C'est ainsi, pensons-nous avec l'interprétation commune, qu'il faut rendre la souscription : *Hugo Melletensis* (ou plutôt *Mellentensis* avec l'*e* tildé) apposée à deux actes du Cartulaire de Saint-Magloire, dont l'un est daté de la seconde année du règne de Robert II encore enfant (299), soit 990-991. Les quatre officiers qui souscrivent avec le jeune prince: Bouchard de Vendôme, comte royal de Paris, — le comte Hugues (de Beauvais et de Dreux), — Ansoud (le Riche de Paris) — et Hugues de Meulan, paraissent avoir formé le conseil de régence exerçant le pouvoir, dans la part du royaume concédée à Robert, durant la minorité de celui-ci (301).

Dans ces pièces officielles, *Hugues de Meulan*, pas plus qu'Ansoud le Riche, nommé avant lui, ne prend le titre de comte. Il n'était en effet que vicomte et ce titre lui est attribué dans une charte de son troisième fils, *Hellouin II*, vicomte du Mantais sous Henri Ier. Hellouin II renonce par cet acte aux revendications formulées par lui sur les terres de Chaussy et de Bernay, données au prieuré de St-Père de Juziers par le vicomte *Hellouin I* son aïeul (*avus meus Hilduinus vice-comes contulit*) (300). D'autres lettres d'Hellouin II contiennent une renonciation, pour le repos de l'âme de son père Hugues, à de mauvaises coutumes qu'il avait

(299) Mss. lat. 5413, fol. 5 et 6.

(300) Guérard, *Cartul. de St-Père de Chartres*, p. 180.

établies sur les terres du couvent. Dans ces deux pièces, il sollicite le consentement de son frère *Hugues II* (302).

Hugues II est qualifié vicomte du Vexin dans une proclamation de l'abbé Arnoul (1023-1033) faisant savoir que Hugues, sur l'ordre de son seigneur le comte Dreux, a dû se dessaisir en faveur des moines de tous ses droits de viguerie sur Drocourt, St-Cyr et Chaudry, dépendances du domaine de St Père, situées en Vexin (302). Les témoins appelés à constater ce « déguerpissement » sont en premier lieu *Galeran*, frère du vicomte, et Richard de Neaufle, son cousin germain (*consanguineus*). Hugues II était l'allié de Dreux ; car, d'après une lettre d'Ives de Chartres, Galeran I de Meulan avait pour mère une fille de Gautier le Blanc, comte d'Amiens, de Valois et de Vexin (303).

Galeran paraît avoir été l'aîné des fils du vicomte Hugues Ier. Il lui avait succédé à Meulan à une époque très voisine des débuts du XIe siècle. Le titre de *comte* lui est donné dans une épître de Fulbert, évêque de Chartres (1007-1029) adressée en général à ses diocésains et à ses vassaux, et en particulier aux comtes Gautier (le Blanc, père de Dreux) et Galeran. Dans ce mandement, Fulbert les exhorte à prêter main-forte au roi contre Renard, l'hérétique excommunié. C'est Renard, comte de Sens, surnommé « le Roi des Juifs », à cause de la faveur qu'il leur accordait, que Robert II avait chassé de sa capitale en 1015, et qui continuait la guerre contre le roi et l'archevêque de Sens avec le secours d'Eudes II, comte de Chartres (304).

Les adjurations de Fulbert étaient d'autant plus opportunes, que Gautier II et Galeran avaient un puissant motif de famille pour se solidariser avec Eudes II, neveu de leur aïeule Ledgarde de Tours. Galeran l'avait prouvé naguère dans une circonstance qu'il est intéressant de rappeler.

(301) M. Pfister (*Études sur le règne de Robert le Pieux*, p. XLVIII) reporte l'un des actes dont nous parlons à la date de 1003 à 1007, parce que, dit-il, la reine Adélaïde, mère de Robert, n'y est pas citée. Cette pièce est relative au don de moulins fariniers à Senlis, dans le quartier de Victel, par un fidèle de Robert, *Gautier Ardent* (Walterius ZELANS et non ZELAUS). Le surnom d'*Ardent* appartient à la maison de Chambly qui doit se rattacher (p. 285 *suprà*) à celle de Senlis (Cf. Douët d'Arcq, *Rech. sur les Comtes de Beaumont-sur-Oise*). — Dans ses recherches sur les *Origines de St Magloire*, M. René Merlet fixe à l'an 980 la constitution de l'abbaye ; il est probable que les dons y ont afflué dans la période la plus voisine de la fondation (Bibl. de l'Ec. des Chartes, LVI, 237). — Dans cette étude, M. Merlet a produit un texte de la *Translatio Sti Maglorii*, confirmant victorieusement, contre l'opinion de Pfister, la thèse de M. Lot, sur la filiation poitevine de la reine Adélaïde. — Quant à l'autre charte, relative à la donation de Guiperreux, Pfister la reporte à 997-998.

(302) *Cart. de St Père*, p. 171, 172 et 175.

(303) Ed. Migne, t. II. — Il est plus probable qu'il faut remonter d'un degré et que Hugues Ier était le beau-frère de Gautier II et Galeran Ier le cousin de Dreux. La généalogie des Vendôme, donnée aussi par Ives de Chartres, est incomplète.

(304) D'Arbois de Jubainville, *Comtes de Champagne*, I, 232. — Le mandement de Fulbert est certainement postérieur à 1015, bien que D. Bouquet lui donne cette date (X, 452). Galeran avait pris part, un peu auparavant, à la guerre entre Eudes II et Richard II de Normandie (D'Arbois de Jub., I, 205). — Pfister place en 1014 cette guerre, relative au partage du château de Dreux (*Études sur le règne de Robert le Pieux*, p. 212).

Les *Grandes Chroniques* rapportent que le comte de Chartres ayant épousé Meneheut (Mahaut), l'une des sœurs du duc Richard II de Normandie, le duc lui donna en douaire la moitié du château de Dreux. Mahaut étant morte sans hoirs de son corps, Richard voulut reprendre sa dot; mais le comte Eudes « qui moult estoit malicieux, » n'y voulant pas renoncer, le duc assembla son ost, et sur les bords de l'Avre, à Tillières, éleva un château bien muni, dont il confia la garde à trois de ses barons, le vicomte Néel de Coutances, Raoul de Toény et son fils Roger. Cette garnison solidement établie dans la terre du comte Thibaut, frère d'Eudes, Richard congédia le reste de ses troupes et s'en revint en Normandie. Eudes alors convoqua ses chevaliers, et appela à son aide le comte Hugues du Maine et Galeran, comte de Meulan. « Ainsi chevauchèrent toute nuit. Au matin vinrent leurs coursiers, à toutes leurs bannières, devant le chastel de Tillières, et quand les barons qui dedans estoient l'aperçurent, si garnirent les entrées du chastel de leurs gens mesmes; et puis issirent contre eux à bataille, et les desconfirent en poi d'heure (peu de temps); si qu'il y en eut d'occis la plus grande partie, et li autres s'enfuirent là où ils porrent mieux ». Le comte Eudes et le comte Galeran coururent à bride abattue dans la direction de Dreux, afin de se réfugier au château : mais le cheval du comte Eudes perdit le souffle et tomba mort. « Li cuens s'enfuit tout à pied jusques à un parc de brebis, et despoilla le haubert de son dos et le couvrit en un champ an rayon d'une charrue, et puis vestit le mantel d'un berchier, et portoit les claies du parc d'un lieu à l'autre sur ses espaules pour soi plus desguiser, et disoit aux Normans qui enchaçoient les fuyants que il se hastassent, que cil (ceux-là) n'estoient pas loing d'eux. Quand ils furent outre passés, il prist un berchier pour soi conduire parmi les bois : au tiers jour vint au Mans à quelque peine, les piez et les jambes tout escorciées d'espines et de chardons ». Dès qu'il fut reposé, il recommença la guerre; mais le roi Robert y mit fin en faisant accepter le *statu quo* comme base de la paix (305).

Galeran survécut à son frère Hugues II. Celui-ci portait le surnom de Chefd'Ourse (*Caput Ursæ*), et avait épousé *Héluise*, qu'une charte de Coulombs qualifie *Heluisa morum et doctrinæ merito, clarissimo genere præfulgens* (306).

Le terme de *doctrina* n'est point employé sans motif. La souscription d'Héluise nous est parvenue sous cette forme : *S. Heluise clerice.* Il y a donc lieu de croire que, comme le fit un peu plus tard son homonyme, la nièce de Fulbert, elle avait étudié la philosophie. La biographie de saint Gautier témoigne de l'activité de la vie intellectuelle, dès la première moitié du XIe siècle, et du déve-

---

(305) *Hist. de France*, X, 308. — Ce récit est celui de Guillaume de Jumièges (Id., 187).

(306) Charte de 1066 dans Levrier, *Coll. du Vexin*, XLIV, 28. Cf. Mabillon, *Acta SS. ord. S. Bened.*, sæc. VI, p. I, pag. 366 ; *Annales ord. S. Bened.*, IV, 385.

loppement qu'avait pris dès lors l'enseignement supérieur dans le cœur de la France (Cf. p. 174, *suprà*).

Héluise se retira du siècle après la mort successive de Hugues et de son second mari *Alzon*, connu aussi sous les noms d'*Alezan* (*Alexander*) et d'*Azzelin*. Elle se fit recluse auprès du monastère de Coulombs, et mourut en odeur de sainteté. Elle avait donné à cette abbaye les églises de Lainville et Montalet-le-Bois dont les cures étaient encore au XVIIIᵉ siècle à la présentation de l'abbé ; — l'église de Mégrimont, qui perdit plus tard son titre paroissial pour n'être plus qu'un hameau de Lainville (307); — quatre hôtes et une portion de forêt à Janville. Plus tard, elle y ajouta la terre des Autieux, qui fut violemment enlevée au monastère par Richard fils d'Hellouin et neveu du comte Galeran. Richard, après l'avoir conservée longtemps, la rendit aux moines en 1066. Nous avons relevé, dans les transcriptions de Baluze, un acte de la même date, passé à Meulan, par lequel Richard, pour l'amour de son frère Robert, abbé de Coulombs, et de sa tante Héluise, donne à l'abbaye sa part dans les pressoirs de cette ville, l'église de St Hilaire (de Charpont) et la justice du lieu (308). Le second mariage d'Héluise avec Alzon ne s'appuyait jusqu'ici que sur une affirmation de Mabillon. Mais dans la collection Moreau, nous avons recueilli la copie, d'après le texte d'un Cartulaire in-4º de la fin du XIᵉ siècle, d'une donation à l'abbé Jean de Fécamp (1028-1079) par « Adson », sa femme Héluise et ses fils Geofroi et Roger. Les deux tiers des dîmes de Blocqueville et de Manneville font l'objet de ce don, en échange duquel Alzon recevra dans le monastère l'hospitalité quand il s'y rendra et la sépulture après sa mort (308).

La principale libéralité d'Héluise fut faite en 1033, sous la condition que l'abbé de Coulombs se rendrait tous les ans à Meulan, le jour de la fête de Saint-Nicaise, et célébrerait la messe dans l'église du prieuré, avec droit de préséance sur les autres abbés qui pourraient s'y rendre. D'après une tradition respectable, le corps de saint Nicaise, décapité à Gasny, fut transporté à Meulan au temps des invasions normandes. Toutefois il paraît certain qu'en 1053 il avait été restitué a St-Ouen de Rouen (309). En tous cas, la donation d'Héluise prouve que le culte de cet apôtre du Vexin était resté en grand honneur dans la ville où ses reliques avaient trouvé asile.

Lors de la principale libéralité d'Héluise, *Ode*, la première femme de Galeran et la mère de Hugues, était morte, et Galeran s'était remarié à une seconde femme, *Aélis*.

(307) Levrier (note sur la preuve 118, t. XI) a parfaitement établi ces identifications des dénominations *Ledisvilla, Monasteriolum* et *Maisgrimoldi*, qui avaient arrêté Lattaignant (Mém. sur Coulombs. Bibl. de Chartres, mss. 1107).

(308) Voir Pièces justificatives nᵒˢ II et III. Cf. Lattaignant, p. 32.

(309) *Historiens de France*, XI, 476.

A cette époque, Galeran était en guerre avec Robert-le-Diable, duc de Normandie. Robert confisqua les domaines que Galeran possédait dans son duché. Celui-ci, par représailles, s'empara des biens des abbayes normandes qui se trouvaient à sa portée.

Vers le début du XIe siècle, un fidèle du roi Robert II, Aubert fils d'Aubert le Riche et d'Hildeburge de Bellème, avait donné, pour le salut de sa femme et de ses filles, l'église de St-Martin-en-Pinserais à l'abbaye de Jumièges. Cette libéralité fut approuvée par le roi et par Hugues de Beauvais, comte de Dreux. Plus tard, Aubert s'étant fait moine à Jumièges (dès 1012), ajouta au don de cette église celui de la terre de Bouafle. Mais comme ce bien était fort éloigné du monastère, Aubert voulant qu'il fût protégé contre toute déprédation, alla trouver le comte le plus voisin, Galeran de Meulan, et lui ayant offert une mule de grand prix, obtint de lui qu'il se constituât le défenseur des moines. Galeran tint sa promesse jusqu'au jour où il dut prendre des gages contre les Normands : il mit alors Bouafle sous sequestre. Aubert, qui était devenu diacre et abbé de Saint-Mesmin de Micy, en ayant été informé, vint avec Guillaume, abbé de Jumièges, s'en plaindre au comte de Meulan. L'argent arrangea les choses. Moyennant une indemnité de dix livres de deniers, Galeran, sa femme Aélis et son fils Hugues, signèrent un traité où ils s'engageaient, qu'ils fussent en paix ou en guerre avec le duc de Normandie, à respecter et à protéger à l'avenir le bien qu'ils restituaient aux Bénédictins (310).

Les démêlés entre Meulanais et Normands prirent fin d'ailleurs peu après, et le comte de Meulan envoya son fils Hugues à la cour du duc pour qu'il y liât amitié avec le jeune Guillaume, fils naturel de Robert et son héritier désigné (315).

En novembre 1035, l'archevêque Gilduin de Sens ayant accordé à St-Benoît de Fleury, une série d'autels d'églises de son diocèse, à la prière de Henri Ier, la charte épiscopale fut souscrite par les comtes Galeran (de Meulan) et Ives (de Beaumont-sur-Oise) (311).

Galeran prit part en 1039 à la révolte de son cousin Raoul II, comte de Valois, et de plusieurs autres grands vassaux, contre Henri Ier. Celui-ci triompha de cette coalition, et dépouilla momentanément Galeran de son comté. Il ne le lui restitua qu'après avoir exigé des gages sérieux de fidélité (312).

(310) *Hist. de France*, X, 615. — Mabillon, *Annal. ord. S. Benedicti*, IV, 221, 361 : « Hanc conventionem firmaverunt WALERANNUS ipse, ADELAIS uxor ejus, ac filius HUGO. Acta est hæc descriptio temporibus HENRICI regis ». Les démêlés de Robert et de Galeran se placent donc entre 1031 et 1035.

(311) *Recueil des chartes de St-Benoît-sur-Loire*, par MM. Prou et Vidier, t. I, p. 194.

(312) D'Arbois de Jubainville, I, 360. — *Histor. de France*, XI, 159, 160, 364, 399; XII, 795. — Dans le texte d'Hugues de Fleury, Galeran est appelé par erreur *Medanticus* au lieu de *Mellenticus*. Les *Grandes Chroniques* ont traduit d'après la leçon primitive : *Galeran de Melande*. — Malgré les prétentions de Levrier, les comtes de Meulan n'ont jamais eu la moindre autorité sur Mantes.

Galeran reprit son rang à la cour et rentra complètement en grâce. Avec Gautier III, comte de Pontoise, Guillaume de Corbeil et Ives de Beaumont, il assistait, en juin 1050, à la levée solennelle (*detectio*) du corps de saint Denis et de ses compagnons. En 1058, il coopéra à la décision rendue par Henri Ier, autorisant les serfs de St-Germain-des-Prés à porter témoignage en jugement contre les hommes libres (313). Sa souscription figure dans une pièce bien connue du cartulaire de Marmoutier, émanée de Geofroi de Gometz, frère d'Amauri I de Montfort, en 1065 (314). Le dernier acte du comte Galeran fut l'édification du prieuré de St Nicaise, à Meulan, confié aux moines du Bec, en 1067: son fils *Hugues III* s'associa à cette fondation pieuse (315). Galeran était mort en 1068.

Galeran se qualifie formellement « comte du château de Meulan » dans une charte où il restitue une serve à l'abbaye de Coulombs (302).

Il épousa d'abord *Ode*, pour le repos de l'âme de laquelle Hugues III, leur fils, fit don, en 1068, à l'abbaye de Coulombs, de l'église de St Cosme, dans une île de la Seine, touchant presque au château de Meulan (316).

Dès 1033, Ode avait cessé de vivre, laissant outre Hugues, une fille, *Aéline*, son aînée, mariée à Roger de Beaumont ; et Galeran s'était déjà remarié à une seconde femme, *Aélis*. Ce point ressort parfaitement de l'ordre des signatures dans la charte de 1066, où Galeran fait souscrire Hugues avant sa femme Aélis et, en dernier lieu, les fils de celle-ci, *Galeran* et *Foulques* (306).

(313) Arch. Nat., K 19, n° 5. Tardif, *Cart. des rois*, n° 274. — *Hist. de France*, XI, 409, 469.

(314) Mss. lat. 5541, fol. 251 : « S. Galeranni comitis de *Mellent* ».

(315) Levrier, XLIV, 29. Hugues III portait le titre de comte, simultanément avec son père, dès 1066 (Levrier, XLIV, 28).

Il avait été élevé à la cour de Robert-le-Diable, comme le montre une curieuse anecdote relatée dans le cartulaire de Préaux à propos d'une libéralité d'Onfroi de Veules, fondateur de cette abbaye, faite au moment du départ de Robert-le-Diable pour la Terre-Sainte :

« Illo anno quo perrexit Robertus comes Jerusalem (1035), dedit Sto Petro ad *Pratellum* ex suo dominio unam villam que vulgo *Turstinvilla* (Toutainville, près Pont-Audemer) vocatur. Pro quâ structor ejusdem ecclesie Hunfridus (de Vetulis) ci libras auri et duo pallia et duos maximi pretii caballos dedit. Hec *Fiscann* delata sunt, et inibi recepta : sed quia Willelmus qui adhuc puerilis erat, ejusdem Roberti filius qui (le futur *Guillaume-le-Conquérant*) post illum erat regnaturus, eum pater *Pratellum* misit, ut suo jussu etiam puer propria manu donationem *Turstinville* super altare poneret. Huic rei interfuerunt vetulus Nigellus (*Néel I*, vicomte de Coutances), Turaldus qui unum de suprascriptis caballis a comite Roberto dono suscepit ; Radulfus camberarius filius Geraldi, Gotselinus Rufus *de Formovilla* ; Hunfridus constructor ejusdem loci cum filiis suis Rogerio, Roberto, Willelmo qui etiam a patre ob causam memorie colaphum suscepit. Suscepit etiam aliud colaphum Ricardus de Lillabona qui ocream, i. (id est) hosam vini comitis Roberti ferebat (la botte que Robert faisait remplir de vin pour la vider d'un coup). Qui cum requireret cur sibi Hunfridus permaximum colaphum dedisset, respondit : « Quia tu junior me es, et forte multo vives tempore ; erisque testis hujus rationis, cum res poposcerit ». Suscepit etiam tertium colaphum Hugo filius Waleranni Comitis » (Arch. de l'Eure, H 711, fol. iiii^{xx}xvii).

Le texte donné dans le *Recueil des Historiens de France* (XI, 387), contient quelques variantes fautives, qui s'expliquent dans une transcription de troisième main ; la glose « ocream » y est omise.

(316) Voir Pièce justificative n° IV.

Hugues se qualifie « par la grâce de Dieu, comte du château de Meulan » (317), dans un privilège par lequel il exempte de tous droits au port de Meulan, les vins de l'abbaye de Fontenelle. — En 1069, pour le repos éternel de ses parents et d'Eudes fils de Jean (prévôt de Meulan), Hugues III donnait à l'abbaye du Bec la terre de Tessancourt, et présentait la charte au roi Philippe, alors au château de Poissy, pour qu'il l'approuvât par sa signature (318).

La souscription de Hugues III figure dans des actes assez nombreux. Nous citerons les derniers : un diplôme de Philippe Ier pour Cluny (23 mai 1076 — 16 avril 1077) (319) ; — un autre diplôme du même roi pour Fleury, donné à Melun en 1080 (320).

Dès le 6 janvier 1082, Hugues III était remplacé par Robert, son neveu (321). Ce fut donc en 1081 que ce comte de Meulan se retira dans l'abbaye du Bec, alors illustrée par l'enseignement des Lanfranc et des Anselme, et y prit l'habit religieux en compagnie de maints chevaliers de renom (322).

Hugues III avait eu deux frères, *Galeran* et *Foulques* (306). — Galeran souscrivit en 1069 avec le comte Hugues, son frère, à la fondation de St-Martin de Pontoise. Il laissa une postérité qui porta le nom de *Meulan* et occupa de nombreuses charges.

Aéline, sœur de Hugues, avait épousé *Roger le Barbu*, châtelain de Beaumont-le-Roger qui, dès 1066, intervient dans un acte de famille des comtes de Meulan (314). Dans une autre pièce Hugues (323) appelle à souscrire « Henricus, *nepos suus, filius* Rogerii Bellimontis ». Enfin il n'est pas douteux que ce fut *Robert I*, un autre enfant de Roger et d'Aéline, qui hérita du comté de Meulan.

---

(317) « Hugo Dei gratia *Mellentis castri* comes » (Gr. Cart. de St Wandrille, fol. 330 v°).

(318) Levrier, XLIV, 18. — Arch. de l'Eure, H 91 : fragm. du Cartul. du Bec, fol. 51.

Mabillon (*Annales*, IV, 565) cite une concession analogue faite aux moines de Jumièges : elle serait datée du château de Meulan, en octobre 1056 (?) et souscrite par Renaud, neveu du comte Hugues. Que le millésime soit exact ou non, le savant bénédictin en a tiré trop prématurément la conclusion que Galeran avait cessé de vivre à cette date.

L'abandon du droit de poudroyage (*pulveraticum*, droit pour l'entretien des routes) sur les marchandises importées à Epône, n'est point daté (Tardif, n° 292).

(319) « Hugo *Mellindensis* comes ». Coll. Moreau, XXXI, 163.

(320) Hist. du mon. de Fleury; mss. lat. 270, biblioth. d'Orléans. Par une confusion assez explicable, le copiste a écrit Hugo Meledunensis. Le vicomte de Melun était alors Ourson II, qui souscrit à ce diplôme.

(321) Il souscrit avec le titre de *comte de Meulan*, un diplôme de Philippe Ier (A. N. LL 1024, fol. 40. Tardif, n° 298. — S. Roberti *Mellentensium* comitis). En 1088, il figure avec son titre dans une charte du duc Robert II de Normandie.

(322) *Histor. de France*, XI, 223. — Hugues mourut en 1091 ; c'est du moins ainsi que nous semble devoir être interprété le texte de Guillaume de Jumièges (*Histor. de France*, XI, 38) :

« Adelinam, Waleranni comitis Mellenti filiam, uxorem duxit (Rogerus) : ex quâ duos filios, Robertum et Henricum, magnæ potentiæ posteà comites, procreavit. Robertus quoque post Hugonem avunculum suum comes Mellenti plusquam XXVII annis viguit (les 27 années pleines partent du 5 juin 1091) ; et Henricus Willelmi regis in Angliâ comitatum *Warwik* promeruit ».

Comment fut-il préféré à la lignée mâle ? Très probablement le prétexte qui couvrit cette préférence fut le trop jeune âge de *Hugues IV*, fils de Galeran III ; mais elle fut motivée surtout par l'affection du comte Hugues III pour les enfants de sa sœur germaine ; et, par surcroît, Robert, héritier désigné par son oncle, s'assura, moyen finance, l'intervention du roi en sa faveur : Guillaume de Malmesbury va jusqu'à dire qu'il *acheta* de Philippe Ier le château de son oncle maternel : « Castellum quod frater matris suæ tenuerat, *Mellentum* nomine, a Rege Francorum *nundinatus est pecunia* ».

Robert était d'ailleurs une des personnalités les plus en relief de son temps. Il avait fait ses preuves de bravoure et de talent militaire à la fameuse journée d'Hastings, alors qu'étant tout jeune et allant pour la première fois au combat, il avait entraîné l'aile droite dont il avait pris la tête, dans un mouvement dont la hardiesse fut décisive pour le succès de la bataille (323).

Le jeune audacieux n'avait rien de l'esprit tranquille de son père. Le bon Roger, l'aîné des fils d'Onfroi de Veules, fondateur avec son père du moûtier de Préaux, homme d'une simplicité et d'une bonne foi antiques, avait résisté toute sa vie aux instances de Guillaume-le-Conquérant, son ami d'enfance. Le nouveau roi d'Angleterre lui offrait, s'il venait le rejoindre, autant de terres qu'il en souhaiterait. « J'ai bien assez de mon hoirie, répondait Roger ; je préfère garder et entretenir le bien de mes pères que d'aller en chercher outre-mer d'autres auxquels je n'ai nul droit ». Ses fils ne partagèrent point ce stoïque désintéressement. Henri, bien qu'il eût hérité du tempérament doux et calme de Roger, accepta du roi Guillaume le comté de Warwick (324), qu'il transmit à son fils aîné, laissant au second la terre de Neufbourg en Normandie.

Quant à Robert, les historiens anglais nous dépeignent sous les plus brillantes couleurs son caractère. « Instruit, éloquent, habile, prévoyant, fertile en ressources, d'une prudence infinie, surtout homme de bon conseil : son autorité morale, appuyée sur sa puissance politique, fut si grande qu'on le regardait comme l'arbitre de la guerre et de la paix entre la France et l'Angleterre. Nul ne put s'élever contre lui sans être bientôt abattu, tandis que sa gratitude influente s'exerçait en faveur de tous ceux qui se montraient ses amis. Ses trésors

(323) Tiro quidam Normannus, ROGERII DE BELLOMONTE filius, HUGONIS DE MELLENTO COMITIS nepos et hæres, prælium illo die primum experiens, egit quod æternandum esset laude : cum legione quam in dextro cornu duxit, irruens ac sternens magna cum audacia (*Gesta Guillelmi ducis*, ap. *Hist. de France*, XI, 96). — Orderic Vital (Id. XI, 236) emploie la même épithète : « RODBERTUS tiro », qui ne doit pas être prise pour un sobriquet.

(324) Il épousa Marguerite du Perche, dont il eut notamment : *Rotrou*, évêque d'Évreux (1139-1164) puis archevêque de Rouen (1164 † 25 novembre 1183), qui s'intéressa constamment à notre abbaye ; — *Roger*, comte de Warwick, marié à une fille de Guillaume II de Varenne, comte de Surrey et de la veuve de Robert I de Meulan ; — *Robert de Neufbourg*, grand ami du Bec, mari de Godchilde de Toény, fille de Raoul II, et père de *Robert*, l'un des dignitaires de l'église de Rouen dont le nom se retrouve souvent dans notre Cartulaire (Cf. *Histor. de France*, XII, 584).

s'accroissaient sans cesse en métaux frappés, en pierreries, en vêtements précieux ».

Tel est le portrait que trace Henri de Huntingdon. Guillaume de Malmesbury n'est pas moins expressif.

« Déjà très en faveur sous les règnes précédents, Robert parvint sous Henri Ier au faîte des honneurs. Il en était écouté comme si ses conseils eussent été autant d'inspirations célestes. La maturité de son jugement, son élocution persuasive et son caractère conciliant justifiaient une telle confiance. Il jouissait d'un tel crédit, que son exemple eut assez de force pour décider les Anglais à changer d'habitudes pour la table et le vêtement. Il fit accepter dans toutes les cours princières l'usage d'un seul grand repas, comme plus hygiénique: ce fut à tort, en effet, qu'on lui imputa de l'avoir adopté par mesure d'économie; il mettait un point d'honneur à déployer dans les festins qu'il offrait autant de munificence, qu'il gardait de tempérance dans ses propres repas ».

« Champion de l'équité lorsqu'il fallait rendre la justice, guide de la victoire dans les combats, il se constituait auprès du roi le serviteur et le gardien des lois et l'implacable ennemi de la perfidie » (325).

Ives de Chartres jette pourtant, dans une épître à Robert, quelque ombre sur un si étincelant tableau. En termes affables et mesurés, mais fermes et clairs, il lui reproche de ne songer qu'à flatter son maître, et de s'efforcer d'être agréable au roi des Anglais infiniment plus qu'au roi des Anges. « Ce n'est pas un mal de plaire aux rois, dit-il, tant que ce n'est pas en des choses qui déplaisent à Dieu; mais cette condescendance n'est plus de mise quand la liberté de l'Eglise est en jeu et la Majesté divine offensée ».

Le pape Pascal II alla plus loin qu'Ives et ne se borna pas à des remontrances. Dûment informé, durant son séjour en France, du rôle qu'avait joué Robert lorsque se dessina pour la première fois, en Angleterre, la querelle des investitures, il l'excommunia dès son retour à Rome, au Concile de Latran, en 1105, comme le véritable instigateur des empiètements commis par Henri Ier contre le droit ecclésiastique. Heureusement saint Anselme du Bec, que le roi avait dépouillé de son archevêché de Cantorbéry, vint offrir ses bons offices; la comtesse de Chartres, sœur du roi Henri, « fille dévouée de l'Eglise, » lui ménagea une entrevue qu'il raconte au Pape dans une de ses lettres. Henri lui rendit spontanément son archevêché, et promit d'envoyer à Rome des ambassadeurs pour régler les litiges soulevés. Anselme, de son côté, leva l'interdit qui frappait le comte de Meulan (326).

(325) *Histor. de France*, XII, 15; XIV, 265.

(326) *Histor. de France*, XV, 3, 66, 133.

Avant de jouer ainsi le rôle de conciliateur entre le Pape et Robert, Anselme, étant abbé du Bec, avait dû défendre son monastère contre le comte de Meulan qui ayant obtenu de Robert II de Normandie le château de Brionne, avait imaginé de s'approprier la puissante abbaye comme une simple dépendance féodale. La

Cet incident ne nuisit point à la réputation de Robert, pas plus que l'opposition infructueuse et sans doute mal fondée, qu'Ives de Chartres fit à son mariage.

L'abbé du Mont-St-Michel, Robert de Torigny, s'associe, en effet, à tous ses devanciers (327) pour faire de ce comte un grand éloge: « ROBERTUS consul *de Mellent*, dit-il, sapientissimus in rebus secularibus omnium usque in *Jerusalem* degentium, et regis HENRICI familiaris consiliarius ». Ce grand sage selon le monde n'en fut pas plus heureux en ménage.

« Rien ne manquait à sa gloire, — écrit Henri de Huntingdon dans sa curieuse *Epistola de Contemptu mundi*, — lorsqu'un seigneur anglais réussit à séduire et à lui enlever sa femme. Ce désastre conjugal lui porta un coup mortel. Traînant dans un insurmontable ennui sa vieillesse humiliée, il ne connut plus ni la paix ni le sourire » (325).

Cette comtesse volage était Isabeau de Crépy, nièce du roi Philippe, fille de Hugues-le-Grand, comte de Valois, et par sa mère Aélis de Vermandois (328), descendante au cinquième degré de Gautier le Blanc. Robert, suivant le témoignage de généalogistes distingués consultés par Ives de Chartres, aurait été par sa mère, l'arrière-petit-fils d'une fille de ce même Gautier. Mais Ives se trompait apparemment d'un échelon, et d'ailleurs le Pape accorda des dispenses (327). Le mariage se conclut en 1096, et si l'on songe que le père d'Isabeau était certainement plus jeune que Robert (329), on ne peut douter qu'une grande différence d'âge n'existât entre les époux. Isabeau était fort belle (330) ce qui explique les passions qu'elle inspira. Son union avec Robert fut pourtant heureuse dans ses débuts; elle produisit cinq filles (330) et trois fils dont deux jumeaux, *Galeran* et *Robert*, nés en 1104 (331).

Il est à présumer que le commode prétexte du cousinage, qui surgissait souvent fort à propos, fut celui dont Isabeau couvrit la rupture du lien conjugal. Ives de Chartres, grand protagoniste de l'extension des empêchements de parenté, avait fait école ; dès 1107, saint Anselme réussissait à empêcher le ma-

---

sagacité d'Anselme fit échouer ce plan, et le duc irrité enleva Brionne au comte de Meulan (*Histor. de France*, XIV, 272, 573). Celui-ci en garda rancune, et secourut puissamment, en 1101, contre le duc Normand, son frère, Henri 1er, abandonné de presque tous ses feudataires.

(327) L. Delisle, *Chron. de Rob. de Torigni*, I, 155, 241, 273: Luc. Merlet, *Cartul. de Tiron*, I, 27. Isabeau était parente de Robert ; mais le Pape avait accordé des dispenses pour ce mariage, malgré l'opposition d'Ives de Chartres (Cf. le P. Anselme, *Grands officiers*, II, 404).

(328) Genealogia regum Francorum, ap. *Histor. de France*, XIV, 4.

(329) Hugues, étant le cadet de Philippe 1er, lequel avait dix ans en décembre 1059 (Mabillon, *Annales*, IV, 592), était né au plus tôt en 1050. Robert conduisait, comme nous l'avons vu, la bannière de Beaumont à la bataille d'Hastings en 1066.

(330) Orderic Vital, l. XI ; Guill. de Jumièges, ap. *Histor. de France*, XII, 584.

(331) *Gemina prole*, dit Orderic Vital (*Histor. de France*, XII, 692). Une des filles était déjà fiancée à Amauri de Montfort en 1101 ; mais ces promesses ayant été rompues, Amauri épousa Agnés de Garlande, dont une fille, de même nom, épousa en 1141 Galeran II de Meulan.

riage du comte de Surrey, Guillaume II de Varenne, avec une fille naturelle de Henri Iᵉʳ d'Angleterre, alléguant qu'elle descendait au sixième degré de la duchesse Gonnor, dont une sœur était la bisaïeule de Guillaume. Une telle affinité était encore plus lointaine que celle d'Isabeau et de Robert; et ce fut justement le comte de Surrey, privé ainsi d'une alliance royale, qui enleva la comtesse de Meulan à son mari.

La moralité du milieu où vivait Isabeau était d'ailleurs plutôt faible, si l'on songe qu'une de ses filles, qui portait son nom, fut une des nombreuses maîtresses de Henri Iᵉʳ, et en eut une fille morte sans alliance (332).

Robert de Meulan vit-il se consommer ce déshonneur familial? C'est chose incertaine. La rancœur qui le rongeait abrégea ses jours, que la tempérance eût dû prolonger. Sur son lit de mort, l'archevêque de Rouen, auquel il se confessait, l'engageant à rendre tout le bien qu'il avait mal acquis, s'attira cette réponse : « Eh ! malheureux, que laisserais-je alors à mes enfants ? » — « Vos anciens domaines, reprit le prélat, et ceux qui vous sont échus à bon droit ». — « Je donnerai tout à mes fils, conclut le vieux comte ; ils feront des œuvres pies pour mon salut éternel. » — Chimérique pensée ! les fils n'eurent pas plutôt son bien, raconte Henri de Huntingdon, qu'ils ne songèrent qu'à y ajouter d'autre bien plus mal acquis encore ». (325).

Le comte Robert trépassa le 5 juin 1118, laissant ses possessions de France à *Galeran II* et celles d'Angleterre à *Robert*, ses fils jumeaux. *Hugues*, le troisième, fut pour ainsi dire exhérédé : aussi fut-il surnommé *le Pauvre*. Toutefois Henri Iᵉʳ, qui s'intéressait de toute manière à la famille de Meulan, répara cette injustice en lui faisant épouser l'héritière de Simon de Beauchamp, dont en 1137 il lui donna tous les « honneurs », et le fit comte de Bedford (333). Quant à *Robert*, auquel une difformité physique valut le sobriquet de *Gocʒen*, il eut les comtés de Leicester et de Winchester, qu'il transmit en 1167 à son fils *Robert aux-Blanches-mains*, dont les filles *Amicie* et *Marguerite*, succédant à leur unique frère *Robert III*, se partagèrent la fortune, Amicie portant Leicester à Simon III de Montfort, et sa sœur Winchester à Sahier de Quincy (334).

Un point intéressant de la vie de Robert soulève un problème assez délicat

(332) Les autres filles de Robert et d'Isabeau épousèrent, l'une, *Adeline*, Hugues IV de Montfort-sur-Risle, dont elle eut un fils nommé Galeran ; la seconde, *Auberée*, Hugues II de Châteauneuf-en-Thimerais ; la troisième, Guillaume Louvel d'Ivry, fils de Robert et de la B. Hildeburge de Galardon. (*Histor. de France*, XIII, 12, 62, 285. Orderic Vital, éd. Le Prévost, IV, 441, 444. Levrier, III, 83).

Auberée relevait le nom de sa bisaïeule, femme d'Onfroi de Veules on 1048 (Levrier, IV, 123).

(333) *Histor. de France*, XII, 762. De concert avec Hugues, Galeran II donna à Saint Victor un cens au Moncel St Gervais, à Paris (Baluze, LV, 266). — Les comtes de Meulan possédaient en cet endroit un manoir et une censive (Tardif, *Cartons des Rois*, nᵒˢ 461, 490).

(334) *Monasticon Anglicanum*, I, 312.

de critique historique. Faut-il admettre le récit d'un fait d'armes — tout au moins enjolivé par l'imagination de quelque trouvère et grossi par l'éloignement — d'après lequel Robert se serait emparé de Paris pendant un séjour de Louis-le-Gros à Melun? C'est seulement dans le poème — très postérieur — de Philippe Mouskes que le fait est narré, — et dans la *Revue des Etudes historiques* (1898, p. 69) un de nos confrères meulanais, M. Coquelle, a fortement attaqué, non seulement la forme, mais le fond de ce récit.

Assurément l'évêque de Tournai, mort en 1283, ne saurait être regardé comme une autorité de première main : toutefois M. Luchaire n'a pas cru devoir se montrer aussi sévère ; en effet, un document officiel prouve que Louis-le-Gros tenait sa cour à Melun le 12 mars 1111, a une époque concordant précisément avec celle attribuable à l'épisode. D'autres détails donnés par Mouskes se retrouvent dans des textes plus anciens, si l'ensemble ne s'y rencontre pas. L'anecdote se relie d'ailleurs à un ensemble de faits connus.

La faveur dont Robert de Meulan jouissait auprès de Henri Ier avait pour première origine l'insistance énergique avec laquelle il avait poussé et aidé le troisième fils de Guillaume-le-Conquérant à s'emparer de la Normandie en l'enlevant à son frère Robert II, dont le comte de Meulan avait eu grandement à se plaindre. Cette entreprise hardie, qui réunit en 1106, les états de Guillaume dans la main de Henri, celui-ci en attribuait à Robert de Meulan tout le mérite et lui gardait la plus vive reconnaissance de son initiative (335).

Tout au contraire, Louis-le-Gros devait savoir le plus mauvais gré à Robert de cette manœuvre, dont le succès rendait infiniment plus dangereux son puissant rival.

Rien de plus naturel, dès lors, que de voir, en février-mars 1109, — la guerre ayant éclaté entre la France et l'Angleterre à propos du château de Gisors enlevé à Thibaut Payen par Henri Ier, — l'armée française ravager les terres du comte de Meulan (336).

Commencée sous de tels auspices, la guerre se prolongea pendant presque deux ans entiers, Louis présidant en personne à toutes les opérations militaires. Elles causèrent le plus grand tort aux Anglais, car ayant multiplié les postes avancés et les fortifications coûteuses pour protéger l'interminable frontière qui les séparait de la France, ils eurent le chagrin de voir les Français, retranchés dans des citadelles inexpugnables et des défenses naturelles, avec l'aide spontanée des

(335) La Roque, *Hist. d'Harcourt*, IV, 1331.

(336) Collectis igitur magna ex parte Francorum regni proceribus, videlicet Roberto Flandrensium comite cum IV ferme millibus militum, comite Theobaldo (de Campania) de novo pacificato regi, comite Nivernensi, duce Burgundionum cum aliis quampluribus, multis etiam archiepiscopis et episcopis, *per terram Mellentensis comitis*, quia adhærebat regi Angliæ, transeundo depopulans et incendiis exponens, talibus beneficiis futuro adulabatur colloquio ». (Mss. lat. 5949 A, fol. 104. Chron. de Guill. de Nangis).

chevaliers et des milices de la Flandre, du Ponthieu, du Vexin, ne cesser de ravager par l'incendie et le carnage les terres normandes (337).

Au cours de ces hostilités, Louis-le-Gros étant revenu, après l'entrevue avortée des Planches de Neaufle, mettre le siège devant le château de Meulan, le détruisit et dévasta tout le pays d'alentour (338).

Ce fut pour venger ce désastre que Robert, profitant du séjour de Louis à Melun, aurait tenté, en mars 1111, le coup de main hardi que relate Philippe Mouskes (339).

A la tête d'une bande de pillards, il saccage les faubourgs et pénètre dans la ville et jusque dans la salle royale. Prévenu aussitôt, Louis, suivi de ses chevaliers, prend à toute bride le chemin de Paris. Trouvant les ponts coupés, il se lance à cheval dans un gué de la Seine. Mais son destrier fléchit, et un Meulanais, accourant par derrière, saisit la bride en criant : « Le roi est pris ! » Louis, sans s'émouvoir, brandit sa lourde épée, et d'un coup terrible renverse son adversaire : « On ne prend pas le roi, même aux échecs », s'écrie-t-il. Mot parfaitement en situation dans la bouche d'un amateur passionné de ce jeu, comme l'était Louis VI.

Dans sa prime jeunesse, Robert avait été marié à Godehilde de Toény, fille de Roger II. Il n'en eut point de fils, et cette première union fut rompue d'une façon canonique, car Godehilde, avant 1096, se remaria à Baudoin I, futur roi de Jérusalem (340) et, de son côté, Robert épousa Isabeau de Crépy, dont nous avons rapporté les aventures.

Le nom de Robert figure dans les listes de bienfaiteurs de nombreux monastères. Nous citerons : *Préaux*, où il fut inhumé ; *Barkley*, en Angleterre, qu'il fonda et où son cœur fut porté (340) ; *St-Nicaise* de Meulan, dont les moines le sur-

---

(337) His et hujusmodi primordiis initiata guerra per biennium penè continuata est, semper duce et capitaneo ipso domino Ludovico. Accidit autem ut, cum quadam die adversarios invasisset, fugato ejus exercitu, miles quidam partis adversæ frœnum equi regii accipiens, clamavit : *Captus est Rex !* Quo audito Rex commotus ira, extraxit gladium, et virtuose vibratum militem per pectus armatum disseruit, et mortuo cadenti, suo solo ictu, rex insultans ait : *Nec in scacorum ludo solus rex non capitur.*

Præfata tamen guerra sic continuata, gravius regem Angliæ lædebat, cum universam penè Normanniæ marchiam, sicut se ducatus extendit, multa militia et sumptuosis stipendiis ad terræ defensionem circumcingebat ; Rex vero Francorum antiquis et naturalibus castris et mancipiis gratuitis Flandrensium, Pontivorum, Wulcassinorum et aliorum commilitantium strenua impugnatione terram incendiis, depopulatione agitare non desinebat. (Mss. lat. 5949 A. fol. 105).

(338) Luchaire, *Louis VI le Gros*, nos 72, 103, 111 : « Ludovicus Francorum rex ROBERTUM comitem in arce suo *Mellentensi* obsidione cinxit, eo quod Regi Angliæ adhærebat ; tandem castrum extirpavit, omnia devastans ». (Cartul. de St Nicaise).

(339) Edit. Leiffenberg, II, 232.

(340) Orderic Vital, l. V. — *Art de vér. les Dates*, II, 692.

nommèrent *le Prudhomme* ; *St-Martin-des-Champs*, à qui l'évêque Galon céda en
1108 la terre d'Aulnay, du consentement de Robert qui la tenait de lui (341).

Robert Ier avait fait donner à ses fils une instruction peu commune. Lorsque
le pape Calixte II, au retour du Concile de Reims, en octobre 1119, eut à Gisors
une entrevue avec le roi d'Angleterre, celui-ci lui présenta ces jouvenceaux d'illustre lignage (adolescentulos clarissimi generis, filios comitis de *Mellento*), et le
pria de permettre qu'ils eussent avec ses cardinaux une dispute de philosophie.
Ils s'en tirèrent à leur grand honneur. Toute l'ingéniosité italienne ne put
triompher de la dialectique subtile de ces jeunes gens : « l'Apostole » en prit
occasion de faire au roi des compliments qui durent vivement chatouiller son
amour-propre (342).

Mais tous les soins que leur père avait pris pour former leur intelligence et
consolider leur fortune n'obtinrent qu'un médiocre succès. Le caractère d'Isabeau
revivait en ses fils ; Robert laissa des héritiers de ses biens ; il n'en trouva point
de sa sagesse.

Galeran II fut au contraire un agité, dont l'existence mouvementée pourrait
faire l'objet d'une thèse attrayante, où serait mise en relief la vie d'un grand feu-
dataire anglo-français au XIIe siècle. Les documents d'archives pullulent à son
sujet ; la plupart sont des ordres ou des cédules qui frappent par leur impérieux
laconisme militaire. On y saisit la trace de cette fébrile activité qui finit, après
une longue carrière, par s'éteindre dans le cloître.

Sa vingtième année n'était pas accomplie, qu'il s'associait avec ses deux
beaux-frères au mouvement fomenté par Amauri de Montfort et Guillaume
Crespin pour chasser le roi anglais de Normandie et rendre à la province son indépendance. Guillaume Cleiton, fils de Robert II et l'héritier légitime du duché,
appuyé ouvertement par Louis VI, devait être réintégré dans ses droits. Henri Ier
déjoua ces projets en s'emparant brusquement des places que Galeran possédait
dans ses états, Brionne et Pont-Audemer. Il fut encore plus heureux en trouvant
moyen de se saisir par surprise, près de Bourgthéroulde, le 26 mars 1124, du
comte de Meulan et des maris de ses deux sœurs, Hugues de Montfort-sur-Risle
et Hugues de Châteauneuf. Galeran fut enfermé au château de Rouen, puis deux

---

(341) Tardif, *Cartons des Rois*, n° 336.

(342) *Histor. de France*, XIII, 7. Ce récit n'a rien d'excessif. Ces jeunes gens, alors âgés de seize ans,
avaient choisi leur sujet, et leurs maîtres avaient dû les préparer de longue main à cette soutenance, en leur
farcissant l'esprit d'arguments artificieux (*tortilibus sophismatibus*). On ne voit pas trop pourquoi les Bénédictins ont fait à ce propos à Guillaume de Malmesbury la réputation d'un conteur de fables. — D'ailleurs
cet auteur (l. V) confirme lui-même son propre récit en ajoutant que Galeran conserva toujours du goût pour
les lettres ; il écrivait avec élégance et cultivait même la poésie avec succès (Cf. *A. V. D.*, II, 692).

ans après, transféré en Angleterre, où Henri le retint captif au donjon de Wellingford jusqu'à ce que, las enfin de sa prison, il consentît à donner des otages et à renoncer à ses honneurs. Ils ne lui furent rendus que par Etienne de Blois, fils de cette comtesse de Chartres, amie de saint Anselme, lorsque, brouillé avec sa fille Maud, Henri Ier l'eût déshéritée pour appeler au trône son neveu (343).

Les péripéties d'une jeunesse si accidentée reculèrent l'époque du mariage de Galeran II bien au-delà des limites habituelles, en ce temps-là, du célibat juvénile des grands seigneurs. Il avait près de trente-sept ans quand il s'unit à Agnès de Montfort (344).

Galeran, avant d'épouser Agnès, s'était fiancé en 1136 à une enfant de deux

(343) *Histor. de France*, XIII, *passim*; XIV, 267, 274. Cf. le P. Anselme, II, 405.

C'est en septembre 1123 que la fédération des barons franco-normands contre Henri Ier fut constituée, au château de La Croix-St-Lenfroi, récemment mis en état de défense (*Histor. de France*, XII, 576, 585, 736-40, 759, 784).

(344) Notre savant confrère M. le comte Ad. de Dion, président de la Société historique de Rambouillet, veut bien nous communiquer l'extrait suivant d'une *Notice* (en préparation) sur *Rochefort en Yveline*, qui éclaire d'un jour nouveau bien des points douteux de l'histoire généalogique du XIIe siècle :

« *Gui le Rouge* survécut peu à sa défaite de Gournay. Il laissait six enfants. De sa première femme, dame de Rochefort, *Gui II* qui lui succéda à Rochefort et la femme d'Anseau de Garlande, qui eut cette châtellenie (pas comté) après son frère. De la seconde (*Adélaïde*, dame de Crécy) *Hugues de Crécy, Luciane*, fiancée à Louis VI, et deux autres filles.

« *Anseau de Garlande* épousa probablement vers 1090 N. de Rochefort, qui, à la mort de Gui II à la croisade vers 1114, succéda à son père à l'exclusion des enfants d'Adélaïde de Crécy.

« Anseau, tué en mars 1118, au 3e siège du Puiset, ne laissait qu'une fille, *Agnès de Garlande*, qui, héritière par son père de Gournay-sur-Marne et par sa mère de Rochefort, ne pouvait manquer de prétendants. Amauri de Montfort l'emporta, répudiant pour ce mariage Richilde de Hainaut. M. Luchaire paraît croire que ce mariage n'eut lieu qu'en 1127; mais la fille d'Amauri et d'Agnès, *Agnès de Montfort*, ayant eu son premier enfant en 1141, devait être née plusieurs années avant 1127.

« Agnès de Garlande apportait à son mari la châtellenie de Rochefort, celle des Gomets et celle de Gournay-sur-Marne.

« En 1137, Agnès de Montfort eut pour sa part la châtellenie de Gournay, qu'elle porta à Galeran II, comte de Meulan et qui devint l'apanage d'une branche de cette famille.

« En 1181 à la mort de son frère, Simon III, comte d'Evreux, du consentement de ses fils Robert et Roger, elle donna à la cathédrale d'Evreux une rente de 20 sous sur la vicomté de cette ville pour entretenir une lampe sur le tombeau de ce seigneur.

« Après la mort d'Amauri en 1137, Agnès de Garlande se remaria à Robert de France, comte de Dreux, dont un fils mort avant son père et elle, 1143. Leurs héritiers eurent pour leur part dans la châtellenie de Gomets, les terres de Chilly et de Longjumeau. Ce fut la dot de Marie de Châtillon, fille de Charles de Blois, duc de Bretagne, mariée à Louis d'Anjou, roi de Naples, dont le petit-fils Charles, duc de Calabre, comte du Maine, s. de Chilly, mourut idiot sans postérité. Anastasie de Montfort, petite-fille du comte de Leicester, céda en février 1300 à Philippe-le-Bel les droits qu'elle réclamait sur Chilly.

« *Agnès de Montfort* fut d'ailleurs une femme remarquable. »

Comme on l'a vu, Agnès survécut à son mari ; elle fit don d'une serve à Ste-Geneviève, en 1170, en exécution d'un vœu de Galeran (A. N. K 25, n° 3⁶).

ans, *Marie*, fille d'Étienne, roi d'Angleterre. Mais ce mariage ne fut point consommé, Galeran ayant abandonné le parti d'Étienne à la bataille de Lincoln, le 2 février 1141, pour suivre celui de l'héritière légitime, Maud, fille d'Henri Ier, remariée à Geofroi d'Anjou, le chef de la dynastie des Plantagenets (345).

Robert de Torigni appelle à cette occasion Galeran II « le plus grand, le plus riche et le mieux allié de Normandie ». Ses troupes brûlèrent Emanville et l'église de St-Sever, où de nombreux fidèles périrent dans les flammes. En expiation de ces cruautés, il prit la croix à Vézelay en 1146. Il fit partie du groupe de croisés qui s'arrêtèrent en Portugal pour aider le roi don Alfonso à chasser les Maures de Lisbonne. Continuant sa route, il réunit sa bannière à l'armée de Louis VII et fit avec ce prince la campagne de 1148-1149. S'étant rembarqué en 1150, la nef qui le ramenait fut battue d'une furieuse tempête. Il promit à Notre-Dame, s'il échappait au danger, de fonder un monastère sous son invocation. Ce vœu fut réalisé sept ans après (346).

À son retour, il prit de nouveau les armes contre Etienne qui brûla son château de Winchester. En 1152 il fut nommé tuteur de son cousin Raoul le Lépreux, comte de Vermandois et de Valois. Puis il eut à subir les revendications armées de son neveu, Robert de Montfort-sur-Risle, qui le fit prisonnier en 1152 et ne le relâcha qu'après s'être fait rendre le château de ses pères.

En 1157, il fonda avec la reine Maud d'Angleterre, l'abbaye de Notre-Dame-du-Vœu, plus connue sous le nom de Valasse, pour s'acquitter simultanément des promesses faites à la Vierge, par Galeran dans un péril de mer et par Maud durant le siège d'Oxford.

A cette époque, Galeran se rapproche de Louis VII, dont il obtint, en 1157, la confirmation d'une foule d'aliénations partielles de revenus féodaux et de droits utiles à Paris, Mantes, Meulan, Villeneuve, Torcy et Gournay-sur-Marne. Ces dîmes et ces prélèvements constituaient une dotation pour le monastère de Notre-Dame de Gournay (347) fondé dans une terre du Parisis qu'Agnès avait apportée à son mari (344). La même année, Galeran faisait avec Louis VII un accord féodal au sujet de cet « honneur » de Gournay. La terre était ouverte aux baillis royaux, le château assuré au roi contre tout ennemi venant à petite ou grande force; les hommes du ressort devaient le service d'un jour au roi, et rester en dehors de toute querelle éventuelle entre le roi et le comte. Ils n'avaient à intervenir pour ce dernier que si le roi voulait essayer de le dépouiller de Gournay.

---

(345) Étienne, délaissé de tous ses alliés, fut pris dans le combat et conduit à sa rivale, qui le fit enfermer à Bristol, chargé de lourdes chaînes. L'attitude de Galeran donna lieu aux plus amers reproches: Henri de Huntingdon nous en a conservé l'expression indignée et visiblement excessive (*Histor. de France*, XIII, 40. — Cf. Lingard, *Hist. d'Angleterre*, trad. Baxton, I, 251).

(346) *Hist. d'Harcourt*, IV; *Suppl.*, p. 5. — Dumoulin, *Hist. de Normandie*, p. 361.

(347) A. N. K, 24, no 17. Tardif, *Cartons des Rois*, nos 515, 553. — Une charte de Galeran et d'Agnès, en 1175, récapitule tous ces dons (A. N. K 24, no 10 1; L 1422, orig. — Tardif, no 591).

Le souverain, de son côté, ne pouvait intervenir entre le comte et les hommes du fief que si leur seigneur leur ayant forfait, se refusait à les laisser porter leur appel devant la justice royale (348).

Le comte de Meulan fut un des témoins de la paix jurée en 1160 entre Louis VII et Henri II d'Angleterre, fils de Maud et de Geofroi d'Anjou (349). Ce traité, qui rendait le Vexin aux Anglais, comme dot de Marguerite de France, fiancée à Henri, fils de Henri Plantagenet, fut heureusement rompu. Galeran prit ouvertement le parti de la France; et, en 1161, Henri II lui enlevait ses châteaux de Normandie pour les confier à des gardes plus sûres.

Une notice versifiée sur les bienfaiteurs de l'abbaye de Préaux résume ainsi l'œuvre de Galeran II et les derniers temps de sa vie (350) :

> Galleran fils Robert après
> Remit ce qui par avarice
> Estoit aliéné par exprès.
> En tenant très bonne justice,
> En terre et eau il mit police,
> Et moult bien son fait ordena.
> Apres qu'il eust fondé *Saint-Gille*
> Il prit habit de religion ;
> Ce fut chose pour luy utile.
> A Preaux il fit profession.
> Vingt jours après, sans delation,
> Si rendit-il à Dieu son ame
> Dieu la veille garder de blasme.

Galeran mourut à l'abbaye de Préaux, non le 6 avril 1163 comme le veut le P. Anselme, mais le 9 avril 1166 comme le marque avec exactitude la Chronique du Mont-St-Michel. Il était âgé de 61 ans (351).

Il avait fait commencer le pont de Meulan lorsqu'il mourut (352).

Galeran laissa d'Agnès, qu'il épousa en 1141, un grand nombre d'enfants (353).

---

(348) *Histor. de France*, XVI, 15.

(349) *Histor. de France*, XII, 736.

(350) Levrier, IV, 27. Dans cette transcription il s'est glissé un vers faux qu'il était aisé de rectifier :
Il rendit à Dieu son âme.

(351) Voir son éloge funèbre en vers dans D. Martène, *Ampl. collectio*, I, 875.

(352) Le P. Anselme, II, 405.

(353) *Robert II; Amauri I*, seigneur de Gournay ; *Roger*, vicomte d'Evreux ; *Galeran*, seigneur de Mont-fort-sur-Risle; *Etienne ; Hugues*, seigneur de Bretonne ; *Isabeau,* femme de Maurice II de Craon ; *Marie,* femme de Hugues Talbot ; *Amicie,* femme de Henri de Ferrières. — Telle est la nomenclature du P. Anselme. La charte testamentaire de Galeran II et d'Agnès pour Gournay en 1165 donne une liste différente, comme ordre et comme noms, des fils alors vivants. Elle se termine ainsi :

« Acta sunt hec apud *Bellomontem* (Beaumont-le-Roger) *in palatio nostro*, assistentibus et concedentibus filiis nostris Roberto, Galeranno, Amalrico, Rogerio, Rodulfo, Stephano ; anno Inc. Verbi Mᵒ Cᵒ LXᵒ Vᵒ

Robert II, l'aîné, lui succéda, étant âgé de 25 ans (354) ; il était, dès 1157, associé aux actes de son père (355). Il fit avec les moines, au sujet de la foire de Meulan qui leur avait été concédée par Louis VII à la prière de Galeran II, un accord par lequel tous les produits en devaient être partagés, y compris les amendes de 5 sols. Toutefois, ajoute Robert « si major emenda fuerit, mea erit tota propter dominium et custodiam feriæ ». C'est bien la part du lion qu'il réclamait (356).

Il se montra plus coulant envers St-Wandrille et le fit décharger des droits qu'exigeaient, pour le passage de son bac sur la Seine devant Mantes, Gasce de Poissy et Gui de la Roche (357).

En 1173, Robert prit fait et cause pour Henri, fils du roi d'Angleterre, révolté contre son père Henri II (358).

Dès 1183, Robert avait associé au Comté *Galeran III*, son fils aîné, en lui donnant en propre le château de Meulan. A cette occasion, il obtint de Philippe Auguste la confirmation à l'abbaye de Coulombs du prieuré de St-Cosme (359).

coram his testibus : GUILLELMO DE GARLANDA, ROBERTO ET DROGONE fratribus ejus. HUGONE *vicecomite de Medonta*. Galtero de Longessa. Willelmo de Vallibus. Roberto de Formovilla. Roberto filio Willelmi. Thoma Bocello. Pagano ejus famulo. Guidone et Morino ». (Orig. A. N. K 24. n° 105).

(354) A. V. D., II, 695.

(355) Tardif, *Cartons des rois*, n° 515. Cet acte se réfère au diplômé royal de 1157 (Ib. n° 553) ; il doit être de la même date, et rien n'autorise à le reculer jusque « vers 1150, » époque où Robert, n'ayant que neuf ans, n'aurait pas dû figurer dans l'intitulé de l'acte. — Parmi les témoins on trouve deux cousins de Galeran : Rotrou, évêque d'Evreux, et Galeran d'Ivry, cité avec sa mère Mahaut.

(356) B. N. Ms. lat. 13888. Cartul. de St-Nigaise, *Chartæ Comitum*, VIII.

Il augmenta plus tard la durée du marché hebdomadaire :

« Notum sit o. t. p. q. f. quod ego ROBERTUS comes DE MELLENTO ratam habeo et confirmo ecclesie Sti Nigasii donationem mercati Mellenti factam ab antecessore meo comite GALERANNO, ab hora nona diei mercurii usque ad horam nonam diei jovis. Insuper pro anima patris mei et matris mee et mea, istud addo ut ab hora nona diei jovis usque ad finem diei totum mercatum habeant...

Testibus hiis : F. priore de *Strata* ; magistro G. DE MELLENTO ; Hugone Gervasii.

Actum Mellenti anno ab Incarnatione Dni M° C° nonagesimo IIII°., HUGONE DE CAUQUEINVILER existente priore predicte ecclesie ; Willelmo monacho filio Hungerii, preposito Mellenti. »

(357) Kmo Dno suo L. Dei gratia, illustri regi Francorum, baronibus et justiciariis suis, ROBERTUS comes *Melleti* salutem. Intimatum est michi quod VASCIO DE PEISSI et GUIDO DE RUPPE exigunt consuetudinem de transitu bacci S. Wand[regisili] contra rationem apud Medantum per meam guarantisam. Sed sciatis quod hanc consuetudinem nec exigere nec habere debent, quia nec ego nec antecessores mei eam unquam habuimus, sicut per testimonium hominum meorum comparabam. Unde precor vos quod predictam ecclesiam Sti W. inde fatigari non paciamini. Valete. (Cart. de St-Wandrille, fol. 307).

(358) *Histor. de France*, XIII, 151, 196, 316.

(359) Precibus GALERANNI JUNIORIS. comitis et castri *Mellentis* domini, concessi et confirmavi. (A. V. D., II, 695).

Il est présumable que cette association de Galeran III eut lieu dès 1182. Cela semble résulter de la charte suivante : « Noverint universi quod ego ROTBERTUS comes *Mellenti* favore DNI GUALERANNI filii mei, concessi monialibus *Alte Bruerie* ut recipiant in navibus transeuntibus ad pontem *Mellenti* X libras quas habuerunt de elemosine patris mei in pretorio *Mellenti* et LX solidos quos dedi prædictis monialibus in die anniversarii

Le jeune Galeran épousa à Mortemer, en 1189, *Marguerite*, fille de Raoul de Fougères. Robert, par le contrat qui nous a été conservé (360), faisait à son fils une donation générale de ses biens, en se réservant seulement la faculté de doter ses autres enfants. Il se disposait à partir pour la Croisade, dessein qu'il effectua en se rendant à Jérusalem (371). Avant son départ, il établit à Meulan une commune sur le modèle de celle que Philippe-Auguste venait de constituer à Pontoise (361).

Robert suivit l'armée du roi d'Angleterre, qui prit la mer en juillet 1190. Galeran III accompagna ou rejoignit son père en Palestine. Il s'y distingua par sa bravoure, mais elle lui coûta la vie ; il succomba dans un combat singulier contre un chef sarrazin, épisode qu'un trouvère célèbre a chanté dans le roman de *Foulques de Crète* (362).

On sait quelles furent les luttes entre Philippe-Auguste et Henri II. Philippe, s'étant emparé de Vendôme en 1193, y fit prisonniers 62 chevaliers qui suivaient les enseignes du comte de Meulan. Robert avait quitté sa patrie « cette riche et puissante contrée qui produit un vin digne de la table des Immortels », pour suivre celui des deux rois ennemis dont il tenait les plus importants honneurs. C'était d'ailleurs la règle admise par le droit des gens au moyen âge ; elle laissait subsister toutes les conséquences de la guerre au détriment du malheureux vassal forcé de se prononcer, mais elle excluait tout reproche de félonie (363).

---

matris mee, ut inde pisces habeant. Similiter volo et concedo quod accipiam dimidium salis modium in primis navibus transeuntibus post Natale Domini... Testibus Petri clerico *filio comitis Mellenti*, Hugone de Macheru. Anno 1182. »　　　　　　　　　　　　　　　　　　　(Recueil de Vyon d'Hérouval. Coll. Levrier, III, 57).

(360) Le texte de ce contrat est dans la collection Levrier (IV, 239, d'après le cartulaire du Bec).

(361) *Hist. d'Harcourt*, IV, 2173.

(362) Le texte d'Adenès-li-Rois a été édité par Levrier en 1780 dans le *Journal encyclopédique* (VII, 322 ; *Coll. du Vexin*, III, 20).

(363) Guillaume-le-Breton plaint Robert, tout en reconnaissant la correction de son attitude. Il dit au sujet de la prise de Vendôme :

> In quo Rex equites captos in vincula trusit
> Sexaginta duos, arcem murosque tuentes,
> Roberti comitis *Mellenti* signa secutos,
> Qui tunc Richardi comitis miser arma juvabat,
> Tam dulcis patriæ desertor, tamque potentis,
> Quæ generat Bacchum superis dare pocula dignum.
> Justa tamen ducebat eum pro tempore causa,
> Cum foret Anglorum feodali jure legalis
> Regibus, atque viros illis deberet et arma
> A quibus et villas et plurima castra tenebat.

(Guillaume-le-Breton, ap. *Hist. de Fr.*, XVII, 147).

C'est à *Mabile*, femme de Guillaume de Vernon, comte de Devonshire et de l'île de Wight (MABIRIA uxor WILLELMI comitis DE INSULA), que Robert céda toutes ses terres de France et de Normandie, le 1er mai 1204, au moment de la confiscation de ses biens par Philippe-Auguste (373).

Nous ne saurions entrer dans le détail des branches fort touffues de l'arbre généalogique des Meulan. Cette famille, pour être complètement étudiée, exigerait une publication spéciale.

La Roque attribue pour armes au comte Robert Ier : *parti, au 1. échiqueté d'or et de gueules; au 2. de sable au lion d'argent à la queue fourchée* (374).

Ces armes sont inadmissibles pour le début du XIIe siècle. Les sceaux de Galeran II ne sont point armoriés (375). Il existe un fragment de sceau équestre, de 75 millimètres, apposé en 1165 par Robert à la donation de ses parents à Gournay (353), le bouclier à ombilic n'indique point d'armes, le contre-sceau porte une tête de profil avec ces mots : ✠ ROBERTVS PEREGRINVS.

Le sceau de Roger de Meulan est simplement au lion en 1195 et 1204 (375). Guillaume, fils cadet de Roger, scellait en 1261 d'un lion rampant brisé d'un lambel de quatre pendants (376).

Vyon d'Hérouval nous a transmis une donnée qui fixerait les émaux comme l'indique La Roque : « En un ancien Herault, tiré de la bibliothèque des Célestins de Soissons, il y a : *Meulent, de sable au lyon d'argent.* » (377).

II. BRANCHE DES PRÉVÔTS DE PARIS.

Galeran, frère de Hugues III, souscrit avec ce comte le diplôme de sauvegarde de St-Martin en 1069 (Cartul. n° V).

châtelain « à l'abbaye de Joyenval d'un demi-muid de sel à prendre chaque année le jour de la Toussaint sur son péage de la Roche, pour le salut de son âme et de celle de Jehanne, sa défunte épouse. » (Chartrier de la Roche-Guyon. — Nous devons cette indication à la gracieuse obligeance de M. le duc de la Roche-Guyon, que nous sommes heureux de remercier ici).

(373) Levrier XIV, 740. — « Roberto comite adversus regem Francorum rebellante circa an. MCCIII, Philippus Augustus omnia ejus dominia ac precipue Mellentensem comitatum fisco regali in perpetuum, non sine armorum strepitu, adjunxit (Anc. chron. de St-Nicaise, Cart., p. 4). — Le P. Anselme (II, 405) fait de Mabile la fille d'un Robert qui aurait été fils de Galeran et petit-fils de Robert II.

(374) *Hist. d'Harcourt*, I, 75.

(375) Douët d'Arcq, *Coll. de sceaux*, n°s 715, 716 ; 2833, 2834. — Les sceaux de Galeran II ont 80 et 90 millimètres.

(376) Id. n° 2830.

(377) Coll. Levrier, III, 59.

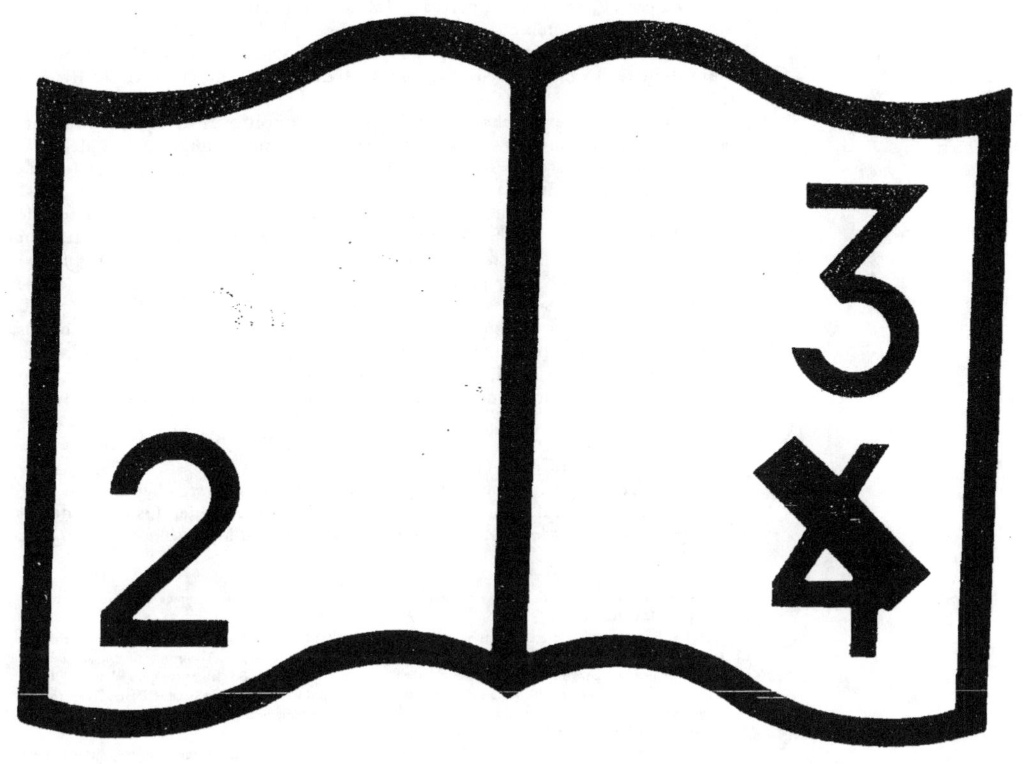

Pagination incorrecte — date incorrecte

NF Z 43-120-12

Hugues IV, son fils, fut père de *Galeran*, cité dans un titre de 1120.

Hugues V fut témoin, en 1144, d'une charte de Henri de Fontenay (378).

Hugues VI, prévôt de Paris en 1196, eut d'*Aélis*, *Hellouin IV*, avec l'agrément duquel il vendit à St-Denis son port de Bezons moyennant 160 livres parisis (379).

Hellouin IV devint chambrier du roi. Il mourut avant 1229, probablement sans enfants. Sa veuve, *Isabeau de Champigny*, disposa d'une partie des biens qui lui étaient échus de la succession de sa mère, en faveur de son père Jehan et de sa sœur Hélouis de Champigny (380).

Robert, frère de Hugues VI, lui avait succédé comme prévôt de Paris dès 1202. Il vendit en 1207, à St-Germain des Prés, moyennant 300 livres, un hôtel considérable destiné à installer l'infirmerie (381); pour 80 livres, la moitié de la voirie du Chesnay; et, pour 40 livres, 20 arpents de bois à Antony (382). Sa femme, ses fils, ses filles et son neveu Hellouin approuvèrent ces aliénations (383). La même année, avec l'assentiment de *Mahaut*, sa femme, et de *Robert II*, son fils, il cédait à St-Lazare, pour 120 livres, le quart de la dîme de la paroisse St-Laurent de Paris, mouvant de Ferri, sire de Brunoy (384). Il se constitua pleige, en 1209, pour les fils de sa sœur et de Nicolas Boucheau, vis-à-vis de l'abbaye de Joyenval (385).

Le prévôt Robert maria dès 1204 l'une de ses filles, *Julienne*, à Etienne Paumier II, seigneur de Clichy (386).

Robert II, son fils, fut peut-être père de *Pierre de Meulan*, chanoine de Châlons, qui, en 1267, avait pour cousin germain Oudard Arrode, fils d'une de ses tantes (387) — et de *Maurice*, bourgeois de Paris, marié à *Asceline* en 1250 (388).

---

(378) A. N. MM. 210, fol. 14. Il est aussi témoin d'un acte du vicomte Hugues de Mantes, vers la même date (Cf. note 384 *infrà*).

(379) « Ego Hugo de Mollento prepositus *Parisiensis* notum facio presentibus et futuris quod, consentiente Aales uxore mea, et Hellcino filio meo, vendendi (*sic pro* vendidi) portum meum de *Besuncio* (*Bezons*) ecclesie *Beati Dyonisii* et in perpetuum habendum quitavi pro VIIIˣˣ lib. par. quas abbas S. D. et fratres ejusdem loci debent michi vel uxori mee vel filio meo reddere precise in octabis Beati Dyonisii. Ut autem hec vendicio rata in posterum sit et firma, presentem cartulam sigillo meo muniri feci et confirmari. Actum anno Dni Mᵒ Cᵘ XCᵒ VIᵉ mense aprili. » (A. N. LL 1157, fᵒ 307).

(380) Acte passé à Rueil, en présence du curé Pierre, et de Pierre Touquin, sergent du roi, en août 1229 (LL 1157, fol. 510).

(381) Mss. lat. 12833, fol. 172.

(382) A. N. K 27, nᵒ 17,

(383) Coll. Baluze, LV, 93.

(384) A. N. MM 310, fol. 59.

(385) Mém. de la Soc. Hist. du Vexin, XIII, 77.

(386) A. N. LL 494, fol. 5.

(387) Mss. lat. 5473, fol. 239.

(388) A. N. LL 1544, fol. 5.

Le roi de France ne pouvait en vouloir au comte de Meulan de sa conduite. Plus tard Richard Cœur-de-Lion le crut si peu sûr, qu'il sequestra toutes ses possessions anglaises. Le traité de 1193 en assura la restitution à Robert, et Philippe attachait une telle importance à cette clause, qu'il déclara ne vouloir remplir aucune des conditions de la paix tant que le roi d'Angleterre ne se serait pas acquitté envers le comte de Meulan (364).

En 1196, on retrouve Robert II à la cour de Philippe, obtenant de lui la confirmation d'un don fait sans doute en accomplissement d'un vœu, dans une des péripéties des dernières campagnes.

Robert avait une dévotion particulière à saint Eustache dont, aux XII⁰ et XIII⁰ siècles, de nombreux membres de la famille des vicomtes et des sénéchaux de Meulan portèrent le nom. Il donna à la chapelle du glorieux martyr, dans la basilique de St-Denis, une rente d'un marc d'argent au jour de sa fête, pour qu'une lampe brûlât perpétuellement devant son autel (365).

La mort de Richard Cœur-de-Lion amena chez Robert une évolution politique qui lui fut fatale. Il était extrêmement attaché à Jean-Sans-Terre, que cette mort appelait brusquement au trône. A peine proclamé, Jean réunit à la Roche-d'Andely, le 18 août 1198, les principaux barons de Normandie et d'autres de ses alliés, tels que les comtes de Bar, de Flandre et de Boulogne, et leur fit jurer une alliance offensive contre la France. Robert fut l'un des quinze comtes engagés dans la conjuration (366).

Philippe-Auguste ne lui pardonna pas ce qu'il devait regarder comme une trahison. La paix du 23 mai 1200, après laquelle il accepta la caution de Robert pour la reddition d'Évreux (367), n'était en réalité qu'une trêve.

Après l'assassinat d'Arthur et la déchéance féodale de Jean prononcée par l'assemblée des barons français, la guerre recommença ; Robert suivit en Angleterre le roi son ami, et Philippe n'hésita pas à s'emparer en 1203 de toutes les places laissées par le comte de Meulan à la garde de son fils Pierre ; celui-ci d'ailleurs se déclara pour la France et rendit à Philippe Beaumont-le-Roger (368).

---

(364) *Hist. de France*, XVII, 560. — Robert fut compris dans la trève du 25 juillet 1194 (Id., 571).

(365) A. N. K 26, n° 19. Tardif, *Cartons des Rois*, n° 709.

(366) *Histor. de France*, XVIII, 340. — L'attitude de Robert était devenue douteuse dès 1196, car à cette date on le trouve compris dans la fédération entre Richard Iᵉʳ d'Angleterre et Baudoin VI de Flandre (Id., XVII, 47).

(367) Teulet, *Layettes du Trésor des Chartes*, I, n° 589.

(368) *Art de vérifier les Dates*, II, 695.

« Eodem anno (1203) Petrus de Mellento filius Roberti comitis Mellentini transivit ad regem Fran-

Lors de la capitulation de Rouen, lé 1er juin 1204, le comte de Meulan fut, avec deux autres barons, exclu formellement par Philippe du bénéfice des réconciliations accordées (369).

La fatalité semblait poursuivre Robert. Après Galeran et Henri, la mort avait enlevé son dernier fils Pierre, qui l'avait abandonné. Robert avait cédé, dès le 1er mai 1204, toutes ses terres de France à l'aînée de ses filles, présent fictif, puisque Meulan venait de tomber aux mains de Philippe, comme tous ses autres domaines, définitivement réunis à la Couronne de France.

Peu de temps après, Robert, accablé par tous ces malheurs, succombait à Poitiers où il s'était réfugié, le 16 août 1204. Son corps fut transporté à Préaux où il fut inhumé le 20 septembre (370).

Robert II épousa *Maud* (Mahaut), fille de Reginald, comte de Cornouaille (371).

De cette union naquirent trois fils: *Galeran III, Pierre*, qui fut d'abord clerc (359), et *Henri*, tous trois morts prématurément; et deux filles, *Mabile et Jehanne*. La seconde épousa Gui IV de la Roche-Guyon (372).

corum et tradidit ei castrum *Bellimontis;* nec multo post mortuus est. » (Chron. contin. Roberti de Monte, *Hist. de France*, XVIII, 242). — Les auteurs de l'A. V. D. en ont conclu que Pierre mourut en 1203; mais il a vécu au delà de Pâques 1204, car par un acte daté de cette année, il accensait, du consentement de sa femme et de ses hoirs, un fief à Amicie de Leicester, mère du fameux Simon IV de Montfort (Arch. de l'Eure, H 91).

(369) *Hist. de Fr.*, XVII, 57. — Teulet, I, n° 716. Guillaume Le Gras et Roger III de Toény furent les deux autres exclus.

(370) Nous expliquons ainsi la différence considérable des dates données par l'obituaire de St Nicaise et le nécrologe de Préaux. Cf. Cartul. de St Nicaise, p. 346; Levrier, XIV, 745.

(371) Natus ex sorore Simonis comitis Ebroicensis, duxit filiam Rainaldi Cornubiæ comitis (*Robert de Torigni*, ann. 1166). — Pendant que Robert était en Palestine (cum dominus meus Robertus *Jerusalem* moraretur), Maud fit une donation votive à l'abbaye de Valasse, fondée par son beau-père (Demay, *Invent. des sceaux de Normandie*, n° 46, ne se prononce pas sur l'attribution à Robert II de cette pièce non datée).

(372) « Ego Guido de Roca reddo et concedo Sto Nigasio de Mellento ea que antiquitus ab antecessoribus Roberti comitis Mellenti habebant, videlicet decimam cujusdam molendini quam dedit mihi *comes predictus, quando filiam ejusdem in uxorem duxi*, et decem solidos apud villam que *Vallis* dicitur, quos Galerannus comes, antecessor Roberti, assignavit... de redditu carruce sue per manum majoris sui de Vallibus... cantori ecclesie reddendos ». Acte sans date. Cart. de St-Nigaise, *Roth. diocesis*, V. — En avril 1224, Gui de la Roche, chevalier, donne à St-Nigaise une rente de deux muids et demi de blé sur son moulin de Meulan (n° VI). — C'est de cette alliance que provenaient les droits féodaux de *Jehan*, chevalier, sire de *la Roche*, sur les biens que Jehan de Meudon avait à Vaux et Meulan et qu'il vendit en 1248 à Jehan d'Aubergenville, bourgeois de Meulan (Id. VIII); — Jehan de la Roche céda à celui-ci, en mai 1251, une maison qu'il avait à Meulan : « U. p. l. i. Johannes dominus de Rupe miles, eternam in Dno salutem... de assensu et voluntate Dne Margarite uxoris mee, dedi, cambiavi et concessi Johanni de Aubergenvilla *de Mellento*, domum meam de Mellento quam teneo... in feodum et dominium ligium ab excellentissima Dna Blancha, Dei gratia Francorum regina illustri, pro servicio michi facto a dicto Johanne, et pro tribus arpennis vinearum sitarum apud *Vaus* juxta Mellentum... Actum apud *Capellam de Maudestor* anno Dni M° CC° quinquagesimo primo, mense mayo ». (Id. n° VII).

La femme de Gui de la Roche se nommait bien *Jehanne*; un acte de mars 1222 contient donation par ce

L'histoire et la généalogie des comtes de Meulan ont été l'objet de bien des travaux parmi lesquels il faut citer une Histoire de Saint-Nicaise, de D. Victor Cotron, (1672, in fol., aux Archives de Seine-et-Oise) ; les rédactions de Lévrier, dans la *Collection du Vexin* à la Bibliothèque Nationale ; l'*Histoire de la maison d'Harcourt*, par La Roque ; l'*Histoire des Grands-Officiers de la Couronne*, du P. Anselme ; l'*Art de vérifier les dates* (II, 687) ; les ouvrages plus récents de M. Emile Réaux. Plusieurs de ces compilateurs se sont également occupés des vicomtes de Meulan et de Mantes.

Tous ces auteurs, sans exception, ont emprunté à la Chronique de St-Nicaise, document sans aucune valeur pour la période antérieure à Philippe Ier, deux comtes imaginaires, *Robert Ier* et *Robert II*, dont l'un est probablement un vicomte de Mantes dont nous parlerons plus loin.

La Roque, et après lui le P. Anselme, renchérissant sur ces fictions, ont rattaché le premier Robert à un personnage légendaire, Gilles de Gand, dont, par un anachronisme inexplicable, ils font un contemporain de Louis d'Outremer.

L'*Art de vérifier les Dates* qui, par une hypothèse non moins hardie, présente comme premier comte de Meulan Galeran, troisième mari de Ledgarde de Vermandois, n'hésite pas à faire de Hugues Chef d'Ourse (qu'il appelle *Tête d'Ourse*) un fils du prétendu Robert II, tout en l'identifiant avec le vicomte de Vexin sous Dreux II, sans aucun souci de la généalogie donnée par le Cartulaire de Saint-Père.

De telles erreurs, dont les auteurs de cet ouvrage — si consciencieux pour son époque — s'excusent sur la profonde obscurité de ces temps lointains, ne sont pourtant rien en comparaison de l'étrange généalogie qui s'étale dans une note du *Recueil des historiens de France*, (t. XI, p. 365). Elle donne à Robert de Beaumont-le-Roger, comte de Meulan de 1081 à 1118, l'origine suivante :

Albert, comte de Vermandois.

Eudes, mari d'Adèle de Crépy, fille de Raoul, comte de Valois.

Eudes, déshérité, épouse la fille du chevalier de Saint-Simon.	Adèle, mariée à Hugues-le-Grand, fils de Henri Ier.

Galeran, comte de Meulan.

Robert.

Il serait oiseux de s'arrêter à corriger toutes les inexactitudes du plus sérieux de tous les ouvrages que nous avons cités, l'*Art de vérifier les dates*, dont le récit assez détaillé et documenté pourrait faire illusion. Nous ne signalons que les principales.

Ainsi Richard de Neaufle aurait été troisième fils de Robert II et d'Alix (?) de Vexin, et frère cadet de Hugues Chef d'Ourse et de Galeran I, alors qu'il est formellement qualifié le cousin germain (*consanguineus*) de ceux-ci ; — Galeran I serait mort le 8 octobre *1069* ou *1070* (389) ; — sa seconde

(389) L'*A. V. D.* ajoute, d'après la *Chronique de St-Nicaise*, qu'ayant été fait prisonnier par Guillaume duc de Normandie, Galeran fit vœu, s'il sortait de captivité, de bâtir une plus belle église à ce saint ; libéré en *1062*, il reprit le gouvernement du comté que Hugues aurait administré en son absence, et éleva l'église qui fut bénie le 28 octobre 1067. Un tombeau crevé par un boulet qui atteignit cet édifice, pendant le siège de Meulan en *1590*, aurait été reconnu par Henri IV, pour celui de Galeran, d'après l'armure du défunt.

femme se confond avec la femme de Hugues III (390); celle-ci serait apparemment fille du chevalier *Hunvier* (391); — Hugues III aurait été *vicomte de Mantes* pour Philippe Ier (392), — il se serait fait moine au Bec *vers 1077* et serait mort le *15 octobre 1079* ou *1080*; — la fille d'Etienne roi d'Angleterre, fiancée à Galeran II « est nommée *Bienne* parce qu'elle n'avait encore que deux ans » (393) etc., etc.

Nous n'entrerons pas dans le détail des inexactitudes ou des insuffisances généalogiques des autres historiens que nous avons cités. C'est l'état vraiment trop incomplet de la documentation historique sur les comtes de Meulan qui nous a décidé à donner un aussi grand développement à cette notice qui, pour le XIIe siècle surtout, n'est pourtant qu'un *compendium* très réduit de leur histoire.

(390) La charte de sauvegarde de Galeran I pour Bouafle (Pièce justif. n_o IV) est souscrite comme suit : « S. WALERANNI comitis ; S. HUGONIS filii ejus; S. ADELAIS uxoris ejus ». C'est l'ordre usité lorsque le futur héritier est né d'un mariage antérieur. L'interprétation contraire, qui rattacherait, en forme de grappe, les uns aux autres, les personnages successivement nommés, au moyen du pronom *ejus*, serait insoutenable.

Un long passage est consacré à identifier *Ode*, mère de Hugues III, avec une première femme de Galeran qui se sépara de lui pour entrer dans un monastère avec l'agrément de l'évêque Fulbert : l'Église n'autorisait ces séparations amiables que dans la vieillesse des époux ou en cas de mariage non consommé. L'un et l'autre sont inapplicables à Ode.

(391) Il n'y a d'autres présomptions que l'existence d'une *Aélis*, fille d'Hunvier (*Cartul. de St-Père*, p. 98) : mais que prouve un prénom d'une telle fréquence ?

La comtesse *Aélis* mourut un 31 mai, d'après l'obituaire de St-Nicaise.

(392) Le vicomte en question, confondu ainsi avec Hugues III, est *Hugues Estavel*, bien connu par Orderic Vital. Voir § 3 de cet Appendice.

(393) L'année d'après, on l'eût probablement appelée *Trienne*, et ainsi de suite.

Imp. BELLIN, Montdidier.